轻松阅读·心理学　崔丽娟　主编

菊花心语

生活中的心理咨询 | 柳 菁 ◎著

Juhua Xinyu

图书在版编目(CIP)数据

菊花心语：生活中的心理咨询/柳菁著. ——北京：北京大学出版社,2007.10
(未名·轻松阅读·心理学)
ISBN 978-7-301-12773-5

Ⅰ.菊… Ⅱ.柳… Ⅲ.咨询心理学－通俗读物 Ⅳ.C932-49

中国版本图书馆 CIP 数据核字(2007)第 149113 号

书　　　名：菊花心语：生活中的心理咨询
著作责任者：柳　菁　著
策 划 编 辑：杨书澜
责 任 编 辑：魏冬峰
标 准 书 号：ISBN 978-7-301-12773-5/C·0458
出 版 发 行：北京大学出版社
地　　　址：北京市海淀区成府路 205 号　100871
网　　　址：http://www.pup.cn　电子信箱：weidf@pup.pku.edu.cn
电　　　话：邮购部 62752015　发行部 62750672　编辑部 62752824
　　　　　　出版部 62754962
印　刷　者：北京大学印刷厂
经　销　者：新华书店
　　　　　　890 毫米×1240 毫米　A5 开本　8.25 印张　170 千字
　　　　　　2007 年 10 月第 1 版　2007 年 10 月第 1 次印刷
定　　　价：25.00 元

未经许可，不得以任何方式复制或抄袭本书之部分或全部内容。
版权所有，侵权必究
举报电话：(010)62752024　电子信箱：fd@pup.pku.edu.cn

总　序

　　《心理学是什么》（北京大学出版社2002年版）一书出版后，每年我都会收到很多读者来信，他们对心理学的热情和想继续学习研究的执著，常常感动着我。2005年我国心理咨询师从业证书考核工作启动，更是推动了全社会对心理学的关注与投入："心理访谈"、"心灵花园"、"情感热线"等栏目，成为多家电视台的主打节目；心理培训、抗压讲座、团体训练等等，成为各类企业管理中的新型福利之一；商品的广告设计、产品包装的色彩与图案、产品的价格设置等等与消费心理学的联姻，使商家在销售活动中"卖得好更卖得精"……

　　社会对心理学的热情最终推动了学子们对心理学专业学习和选择心理学作为终身职业的热情。读者中有许多都是在校读书的学生，有高中生来信说，正是因为阅读了《心理学是什么》，他最终在高考时选择了心理学专业；有非心理学专业的大学生来信说，因为《心理学是什么》一书，使他们在毕业之际放弃了四年的专业学习，跨专业报考心理学专业的研究生。学生们在来信中不约而同地指出,心理学的蓬勃发展,使今日的心理学有了众多的分支学科,在面对异彩纷呈的心理学研究领域时,该选择心理学中的哪一个分支学科,作为自己一生的研究与追求呢?他们希望能有更进一步阐释心理学各分支学科的书籍,帮助他们在选择前,能了解、把握心理学各分支学科的研究框架和基本内容。所以,当从北京大学出版社杨书澜女士处得到组织写作这套心理学丛书的邀请时,我倍感高兴。可以说,正是读者的热情与执著,最终促成了这套心理学丛书的诞生。

我们知道,心理学,尤其现代心理学,研究内容非常广泛,涉及了社会生活的方方面面。因此,在社会生活的众多领域,我们都可以见到心理学家们活跃的身影。比如,在心理咨询中心、精神卫生中心以及医院的神经科,我们可以看到咨询心理学家或健康心理学家的身影,他们为那些需要帮助的人提供建议,解决他们的心理困惑,帮助来访者健康成长,对那些有比较严重心理疾病的患者,如强迫症、厌食症、抑郁症、焦虑症、广场恐怖症、精神分裂症等,则实施行为矫治或者药物治疗。除了给来访者提供以上帮助之外,他们也做一些研究性工作。在家庭、幼儿园和学校,儿童心理学家、发展心理学家和教育心理学家发挥着重要的作用。儿童心理学家、发展心理学家研究儿童、青少年身心发展的特征,特别是儿童的感知觉、智力、语言、认知及社会性和人格的发展,从而指导教师和家长更好地帮助孩子成长,并给孩子提供学习上、情感上的帮助和支持;教育心理学家研究学生是如何学习,教师应该怎样教学,教师如何才能把知识充分地传授给学生,以及如何针对不同的课程设计不同的授课方式等等。心理学的研究与应用领域很多很多,如军事、工业、经济等等,凡是有人的地方就有心理学的用武之地,可以说,心理学的研究,涵盖了人的各个活动层面,迄今为止,还没有哪一门学科有这么大的研究和应用范围。美国心理学会(APA)的分支机构就有50多个,每个机构都代表着心理学一个特定的研究与应用领域。在本套丛书中,我们首先选取了几门目前在我国心理学高等教育中被认为是心理学基础课程或专业必修课程的心理学分支学科,比如普通心理学、实验心理学、发展心理学、心理测量、人格心理学、教育心理学等。其次,选取了几门目前社会特别需求或特别热门的心理学分支学科,比如咨询心理学、健康心理学、管理心理学、儿童心理学等。我们希望,能在以后的更新和修订中,不断地把新的心理学分支研究领域补充介绍给大家。

本套丛书仍然努力沿袭《心理学是什么》一书的写作风格,即试图从人人熟悉的生活现象入手,用通俗的语言引出相关的心理学分支学科的研究与应用,让读者看得见摸得着,并将该研究领域的心理学原理与自己的内心经验互相印证,使读者在轻松阅读中,把握心理学各分支研究领域的基本框架与精髓。

岁月匆匆,当各个作者终于完成书稿,可以围坐在一起悠然喝杯茶时,大家仍然不能释然,写作期间所感受到的惶然与忐忑,仍然困扰着我们:怎样理解心理学各分支学科?以什么样的方式来叙述各心理学分支学科的理论流派和各种心理现象,以使读者对该分支学科有更为准确的理解和把握?该用什么样的写作体例,并对心理学各分支学科的内容体系进行怎样的合理取舍,对读者了解和理解该分支心理学才是最科学、最方便的?尽管我们在各方面作了努力,但我们仍然不敢说,本套丛书的取舍和阐释是很准确的。正如我在《心理学是什么》一书的前言中写到的:"既然是书,自有体系,人就是一个字宙，有关人的发现不是用一个体系能够描述的，我们只希望这是读者所见的有关心理学现象和理论介绍的独特体系。"

交流与指正，可以使我们学识长进，人生获益。我们热切地盼望着学界同仁和读者的批评与指教。同时我也要感谢北京大学杨书澜女士和魏冬峰女士的支持与智慧，正是她们敦促了该套丛书的出版，并认真审阅和提供了宝贵的修改意见。

最后我要感谢参与写作这套丛书的所有年轻的心理学工作者们，正是他们辛勤的工作和智慧，才使这些心理学的分支学科有了一个向大众阐释的机会。

崔丽娟

2007 金秋于丽娃河畔

卷首语

春天的一个午后,太阳出来了,一连下了几场春雨,空气清新许多。我坐到小窗边,沏一杯菊花茶。我还是第一次这样认真地观赏菊花干:阳光下,花瓣蜷缩在一起,半绿半白,闻起来还带点土腥味儿,她们似乎在向我倾诉着,是岁月——稀释了她们原本的光华与娇美,使她们变得如此憔悴,让我不由对她们平添几分怜惜。我轻轻抓起四五颗,放进透明玻璃杯,注入开水。窗台很高,我的目光恰与杯口相平,正对着菊花。

阳光穿透玻璃杯,菊花的倒影映在窗台上,慢慢地,它变幻着。我惊奇地发现:水中的花瓣在缓缓地舒展,原先干瘪的瓣叶在开始湿润,颜色也变得艳丽起来,这一切都那么的自然、有序……更妙的是,悄悄地,花瓣一片一片打开,花蕊突显出来,真切得足可以引过蜜蜂来为她们授粉!朵朵菊花,层层花瓣被阳光沐浴着,滋润着,吸收水的盈润,变得晶莹剔透,恰合她们"千叶玉玲珑"的美名，美丽鲜活——仿如重生，又恍如初生！轻轻的，她们悠然下沉，茶水也渐渐染上极浅的绿色，时而飘过缕缕清香，那是自然的，混和着露水与草叶气息的清香……我闭上眼睛，遐想着，仿佛——正被她们引入幽雅的菊花丛中，放松整个身心，感触那菊花的世界……

CONTENTS

目 录

总序 / 1
卷首语 / 1
引子 / 1

第一篇 咨询心理学的真谛

第一章 我需要心理咨询吗？/ 003
  1. 人生烦恼何从述 / 004
  2. 挫折、冲突与良好适应 / 007
  3. 社会支持与良好适应 / 012
  4. 心理健康有标准吗？/ 016
  5. 心理咨询的独特作用 / 020
  小茶点　做自己心境的主人 / 021

第二章 什么是心理咨询？/ 023
  1. 有时，心理咨询很像…… / 023
  2. 心理咨询是…… / 025
  3. 谁不适合心理咨询？/ 029

4. 心理咨询的目标 / 032

5. 心理咨询的一般模式 / 035

6. 心理咨询的基本技术 / 039

7. 心理咨询的效果 / 043

小茶点　如何建立心理平衡 / 048

第三章　心理咨询的精髓是什么？ / 049

1. 什么是心理咨询关系？ / 049

2. 如何成为心理咨询师？ / 052

3. 什么是心理咨询师伦理道德守则？ / 059

小茶点　如何识别优秀的心理咨询师 / 063

第四章　心理咨询的前奏 / 065

1. 心理咨询源于何处 / 066

2. 什么是心理评估？ / 067

3. 什么是心理咨询过程中的心理评估？ / 074

小茶点　"逆境对话"自己测 / 077

第二篇　东西方心理咨询

第五章　西方心理咨询与治疗流派 / 081

1. 文化渊源 / 081

（1）西方民俗与宗教心理治疗 / 081

（2）西方精神医学的精神障碍分类 / 084

小茶点　焦虑抑郁自己查 / 086

2. 现代主流心理治疗 / 088

（1）精神分析治疗 / 090

（2）行为治疗 / 104

（3）认知行为治疗 / 110

　　　（4）当事人中心治疗 / 115

　　　（5）家庭系统治疗 / 121

　　小茶点　梦中常见的性主题 / 125

　　3. 团体心理咨询 / 127

　　　（1）沟通分析 / 129

　　　（2）心理剧 / 135

　　小茶点　如何倾听哭泣的孩子 / 140

第六章　东方文化背景下的心理咨询与治疗 / 142

　　1. 文化渊源 / 142

　　　（1）东方民俗心理治疗 / 142

　　　（2）中国文化特殊性心理治疗 / 145

　　2. 亚洲著名疗法 / 147

　　　（1）禅 / 147

　　　（2）森田疗法 / 157

　　　（3）内观疗法 / 163

　　小茶点　你有职业倦怠表现吗？ / 165

　　3. 适合中国人的心理治疗 / 167

　　　（1）认识领悟疗法 / 169

　　　（2）心理疏导疗法 / 172

第三篇　现代社会中的心理咨询

第七章　东西方整合趋势 / 179

　　1. 短程疗法 / 179

　　2. 整合疗法 / 184

　　3. 后人本心理学 / 188

第八章　艺术走近心理咨询 / 190
　　1. 绘画与美术治疗 / 190
　　2. 音乐与舞蹈治疗 / 196
　　3. 意象对话治疗 / 202
　　4. 儿童游戏治疗 / 208

第九章　科技融入心理咨询 / 214
　　1. 脑神经科学心理咨询 / 214
　　2. 虚拟现实心理咨询 / 222
　　小茶点　谁患有"成人多动症"？ / 225

第十章　生活需要心理咨询 / 227
　　1. 企业员工心理援助 / 228
　　2. 医疗领域 / 231
　　3. 教育领域 / 233
　　4. 文化领域 / 237
　　小茶点　青少年成长中的保护与危险因素 / 243

后记 / 244

引　子

"我需要心理咨询吗?"小东低下头轻轻地问。金子不知道他是在自言自语呢,还是在认真地问她。于是她也轻声说道:"我相信一句话——永远不要替别人做他自己能做的事儿。"

"其实你一直没有告诉过我,心理咨询到底能做什么!"小东不服气道。

"咳!"金子终于舒出了这口气,"我在等你问我呀。"

"好,那我问你:**心理咨询能做什么,不能做什么?**"

有些人对心理咨询有误解,认为走进心理咨询室就是精神有问题。其实心理咨询是一种专业的助人方式,一方面帮助你解决心理适应过程中出现的问题,另一方面帮助你求得自身能力的最大发挥、寻求生命的更高质量。

在这个过程中,心理咨询师会倾听你的心声,理解你的感受,缓解你的痛苦,挖掘你的潜能，帮助你学会自我调适！同时，以良好的职业道德保守秘密！

心理咨询过程并非通常意义上的劝慰人或开导人，它的最终目标是帮助你实现"心灵的再度成长"。具体地讲，心理咨询可以在以下四个方面为你提供帮助：

1. 帮助你了解自己，学会管理自己的情绪，拥有积极稳定的心态，避免罹患各种心理障碍和心理疾病。

2. 帮助你拥有更健全的人格，摆脱自卑、自恋、自闭等不良心态，更好地投入到学习、工作和生活中去。

3. 帮助你摆脱因失业、失恋、离异造成的痛苦，教会你应付生活中种种挫折的方法。

4. 帮助你度过人生各阶段的种种挑战，帮助你在人生重大问题上作出正确的抉择。

总之，**心理咨询能帮助你提高爱自己、爱他人、爱世界的能力，帮助你更好地承担责任和作出选择，帮助你更加幸福地工作和生活！**

金子停下来，微笑地看了眼小东，发现他并没有在看她。

"你这么说，很像我们做广告的口气，心理咨询就好像'万灵丹'，到底实际情况是怎样呢？"小东挑剔地说，"还有，你没有回答我，心理咨询不能做什么！"

"别急，你关心的这些问题，我就快要说到了……"

"实际情况是**你是海，咨询师是船**。"

一旦形成了治疗关系，你必须投入，主动地坦承你的困惑与问题，而不是干等着咨询师来做什么，因为如果你不投入，咨询师就只能等待。这就像海潮与航船的关系，再快

引 子

的船,也得等待涨潮时才能出发。再高明的咨询师,也得等待你在心理上准备好了才能帮得上你。

　　心理咨询成功的一大关键正是你内在成长的动力和咨询中真正投入的程度,只有具备了这一关键,咨询师这只航船,才能出发驶向你的心海,咨询才会逐渐开始有进展。

　　要是你想去心理咨询,在踏入咨询室前,得问问自己,有没有做好以下心理准备:

　　1. 有没有准备好积极主动地参与?你不能像到医院去看病那样,把病情向医生一说,就被动地等待医生开药方。在咨询过程中,你必须主动投入进去,积极地思考、感受,充分挖掘和表达自己内心的想法。

　　2. 有没有具备强烈的求询动机?要想在心理咨询中取得满意的效果,必须要有改善或改变自己某一方面现状的强烈愿望。问问你自己:"对自己目前的状况,我确实不满意吗?""我确实愿意在某个方面、某种程度上改变自己吗?"如果你的回答是否定的,那就很难从咨询中得到真正有价值的帮助。

　　3. 对心理咨询要有现实的期待。解除心理困惑需要一个过程,要有耐心,切不可因一时看不到明显的效果就放弃。通常一个中短程的治疗,需要8—10次,每次50分钟或1小时。除了时间,还需要经济上的准备。目前的收费,在医院,一般不会超过1分钟1块钱;大城市的咨询机构要高一些,按小时收费,通常最低100元1小时,高的要千元以上,有七八年以上咨询经验的咨询师通常收四五百元。

　　小东抬头看了眼金子,心中暗暗吃惊,他的这位好朋友似乎看出了他此刻的心事,知道他真想找一位像她那样的心理咨询师帮助。

"还有，就是你问的，心理咨询不能做什么……"

"打住打住，我知道你又要说你的那句名言了——**心理咨询不能改变现实，但能改变你的视角**。"

这下轮到金子暗暗吃惊了……

第一篇
咨询心理学的真谛

第一章 我需要心理咨询吗？

"金子，金子！"李东哲兴冲冲地走进心理咨询室，拿出一张报纸递给金子，"你看，今天的《晚报》，整版报道《心理亚健康困扰现代人：社会急需心理咨询师》，上面说我国需要100—200万心理咨询师，而现在才3000人通过职业鉴定，没想到你们心理咨询师也成了社会稀缺人才了！"

"你呀，我早告诉你了，你遇到像我这样的心理咨询师，机率就像中彩票，你还不信！"

"噫，——"金子的目光被报上的另一篇报道吸引住了。

> 据上海市疾病预防控制精神分中心2005年底公布的一项上海市民心理卫生监测数据显示，上海至少有160万市民需要心理咨询服务。
> 相关数据显示，自杀已在中国人死亡原因中排名第五。而在15至35岁年龄段的青年人中，自杀是首位死因。

> 在造成高自杀的众多因素中，缺乏心理咨询专业人才是其中之一。每个人在不同人生阶段和不同的生活层面，都有可能遇到困难、挫折甚或自身难以调和的心理冲突，导致悲观甚至绝望等消极情绪的产生。此时如能得到及时的专业心理援助，将大大有助于个体的心理适应。
> ……

"这么多人自杀?!"看了这篇报道，小东皱眉道，"金子，这些人怎么这么想不开？"

金子点头道："我国城市居民的心理状况不容乐观！其实，心理咨询对心理健康的作用非常明显。心理咨询师可以从专业角度出发，帮助求助者走出阴影，重建自我。我教的**咨询心理学，就是一门培养心理咨询师，教授如何助人的学问**。"

1. 人生烦恼何从述

"你说，人生是什么？"金子问小东。

"又给我做心理测验？"小东兴致来了，略一沉吟，说道，"人生嘛，**每个人都有自己独特的人生，在追求幸福的过程中，品尝着酸甜苦辣的人生滋味**。怎么样，标准答案吧，像不像你的口气？概括性超强，嘿嘿，我智商不低吧！"

"没到三十岁，就能说出这样的话，确实不简单呀！"金子感叹道。

"谁说没到？再过两个月，我就虚岁 31 了！就你心理年龄大？你什么时候能停止小看我?!"

"我哪儿小看你啦！在人生每个阶段，我们都面临独特的发展课题……"

其中既有社会适应的课题（参见图1-1），也有心理成长的课题。无论是少年求学、青年就业，还是婚恋困扰、大龄独身，无论是职业压力还是家庭责任、子女问题，无论是青春期、更年期，还是空巢期，心理咨询在很大程度上是为了帮助人们顺利完成人生发展提出的挑战，心理咨询师也因此常被称为人生顾问。

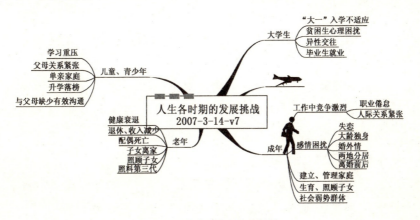

图1-1 人生各时期的发展挑战

此外，现代化、工业化的都市生活，给我们大家带来日益加剧的竞争压力，日益复杂的人际关系和日益弱化的社会支持，这一切无不让人体验到疏离感，面临比以往多得多的心理应激，由此造成比以往更多的心理不适应、心理障碍和精神疾病。

心理咨询正是在现代化、工业化的背景下诞生和迅速发展的，它一方面要设法消除现代人的心理障碍，另一方面要积极促进现代人的身心发展。

心理咨询按内容分为障碍咨询和发展咨询两类。前者指对不同程度心理障碍的来访者进行咨询，范围可从轻微的心理失调到非发作期的精神疾病。后者针对希望开发自身潜力、作出更好生活选择的来访者进行。比较而言，前者内容具体，后者则是心理咨询的目标和方向。总之，心理咨询的范围非常广泛，凡是人们在人生各阶段出现的形形色色的心理问题，都可列入心理咨询的范围。

"现在大家心理压力大，那是事实！要说心理问题都是现代化、工业化造成的？我不信。"小东听了直摇头，"为什么有的人过得挺好，有的人却情绪糟糕呢，那还不是自个儿的原因。"

金子正要答话，小东突然惊讶道，"金子，你怎么不喝菊花茶啦？"原先，金子总是用一个小巧的透明玻璃杯泡上三五朵菊花，然后陪小东聊上个把小时。今天，她却用了个加盖的淡果绿色粗陶杯。

"谁说我没喝菊花茶？"金子笑道，"你自己出差一个月没见我了，你看，这个杯子是我冬天喝洋甘菊专用的！"

"洋甘菊？"小东好奇地掀开杯盖，水面上浮着一层纤细的小黄花，只有普通菊花的四分之一大小。

"洋甘菊产自欧洲，它和中国菊药用相仿，但药性不同，暖胃，最适合冬天喝了。"金子关心地说，"要不要帮你泡一杯？能帮助消化，还能消炎治感冒呢！"

"谢了谢了，我可不爱喝菊花茶，味道挺苦的，你要有可乐给我一罐。"

"它口感蛮甜的，像苹果汁！"金子热心地推荐道，"洋甘菊的别名就叫'大地的苹果'，它还有个别名叫'植物的医师'，把它种在有病虫害的植物旁边时，患病的植物会立刻恢复精神……"

"甭管有多少别名，菊花茶我就是不喝！"小东赌气道。

"好吧好吧，那你还是喝水吧。我这里没有可乐。"金子说完，开始专心欣赏杯中的洋甘菊，还不时把绿陶杯举到鼻前深吸一口气，好像很享受的样子。

"每回都这样，先看上半天，闻上半天才喝。真会浪费时间！"小东悻悻地说，"你还没回答我呢，我刚才说的对吗，心理问题主要是自己造成的！"

"社会背景的原因、自己的原因，两方面原因都有，而且相互作用。眼下的社会，心理挫折和心理冲突谁都难免，如果再加上个性方面存在弱点，就很容易出现心理问题啦！"

2. 挫折、冲突与良好适应

人们在应对人生各阶段的发展挑战时，困难、失败、两难抉择等等情况在所难免，此时，心理挫折感与心理冲突很容易出现，如不能妥善处理，往往影响良好的社会适应。

挫折感是指人们在追求自己目标、满足自己欲求的过程中，遇到阻碍或干扰，致使目标无法达成、欲求不能满足时的情绪状态。

构成挫折感需具备以下条件：首先必须具有动机和目标；其次，必须有满足动机和达到目标的行动产生；第三，必须有阻碍和干扰发生；第四，不仅个人在主观上意识到阻力的存在，并且还因此处于一种紧张状态或产生一种相对应的消极情绪反应。

"怪不得，原来这就叫挫折感。"小东点头道，"上周我约了几个球友，大老远到你们学校操场打球，结果发现场地全部维修，暂停使用，真是憋气！"

挫折感中构成阻碍和干扰的原因分两类，一类是来自环境中的外因：包括自然环境中的自然灾害、气候恶劣、交通阻塞、生离死别、身体疾病等等，或是社会环境中的工作中人际关系紧张、工作压力大、亲人脾气暴躁等等。另一类原因则是源自自我内因——例如制定的奋斗目标过高，超越了本人能力和客观现实条件，以致挫折。

挫折发生后，人们通常有以下几类典型的行为反应（参见表1-1）：

表1-1 挫折发生后典型的行为反应

行为反应	具体表现	举例说明
愤怒和攻击	愤怒和攻击的对象可以是导致挫折的人或事物，也可以是无关的人或物。后者即所谓"替罪羊"。	比如夫妻吵架后打骂孩子，孩子又把攻击矛头指向老师或同学。这就是个双重"替罪羊"的例子。攻击行为可以宣泄内心的紧张和痛苦。但攻击不能消除阻碍，有时反而使问题更加复杂，目标更难实现。
焦急害怕	焦急害怕往往有一些躯体表现，如心跳加快、呼吸急促、肌肉紧张、尿频等，严重时坐立不安，思维迟钝。	比如，有些人人际交往时不自信，一到人多的场合就紧张，严重时会发展到完全回避人际交往。
悲观抑郁	抑郁包括多种感受，如悲观、失望、无助感等，程度较轻的人只是感到沮丧，持续时间较短，不会超过一两周。程度严重的人会持续很长时间，丧失自尊和自信，甚至还会绝望自杀。	**抑郁的人不一定自杀，自杀的人一定抑郁。**

续表

幼稚倒退	表现出与自己年龄不相称的幼稚行为。在极端情况下，一个成年人甚至会在心理上倒退到婴儿阶段。	比如，有些人在遇到严重挫折时，会像幼儿一样哭闹、骚动，完全遗忘现实环境。
病态固着	重复某种无效的动作，反复多次，没有任何结果，却仍然强制性地继续。	比如心理障碍中的强迫观念和强迫行为，就是病态固着的典型表现。
情感冷漠	在挫折出现以后，对使自己感到挫折的情境无动于衷，漠不关心。这种冷漠背后其实压抑着愤怒的情绪。这是一种比攻击更复杂的挫折反应，对身心健康相当有害。	比如，受到虐待的儿童，对虐待他们的人常常是这种反应。这是人们长期在同一情境中遭遇身心痛苦又难以脱离，内心在攻击与压抑的两难中矛盾痛苦。

"你的意思是不是说，遇到挫折后出现抑郁情绪是正常的，所以自杀也是正常的？！"听到这里，小东机灵地插话道。

"你挺有悟性嘛！准确一点说：遇到挫折后出现抑郁等消极情绪是很常见的，出现自杀等心理症状也是可以理解的！"金子补充道，"不过，一个人面对挫折产生何种反应，既取决于挫折的特点，也取决于他自身的性格和人生经验。**自身的个性修养，或是拥有过不少克服挫折的宝贵经验，都有助于一个人承受挫折，甚至笑对挫折，因为他已经学会了，如何把挫折这块人生道路上的'拦路石'，转变为人生道路前进的'铺路石'、人生境界进阶的'垫脚石'。**"

"那么心理冲突呢？你刚才说挫折和心理冲突会影响良好适应的。"小东不依不饶地说，"对了，你还没告诉我什么叫作良好的社会适应呢！"

良好的社会适应有以下表现：

1. 能承担适当的社会角色

譬如，一位男性在妻子身边是丈夫，在儿子面前是父亲，在父母跟前是孩子，在学校是教师，在店里购物是顾客，出门旅行是游客，在不同的社会场合从不同角度，以不同身份出现，扮演不同的社会角色。他的言行举止必须能根据不同的社会环境调整，与其身份或角色相适应，并承担相应职责。

2. 具备和谐的人际关系

相互敌对、怨恨、嫉妒往往起源于缺乏思想上的沟通和情感上的交流。结果导致人际冲突，出现心理危机或引发社会悲剧。和谐的人际关系对于良好的社会适应必不可少。

3. 具备灵活的应变能力和挫折承受能力

生活中难免会出现困难，甚至是重大波折，灵活的应变能力和挫折承受能力是个体适应变化的环境，特别是应付突发事件时化险为夷的重要条件。

4. 没有不利生存的非适应行为

吸烟、酗酒、吸用麻醉品过量，进食或过分节食等有害个人健康的行为以及自伤、自杀等都是不利个体生存的非适应行为。杀人、放火、强暴、偷盗等危害群体生存的行为，从法学观点看是犯罪行为，从心理学角度看也属于非适应行为。非适应行为是社会适应不良的显著表现。

心理冲突是另一种类型的挫折。在日常生活中，人们常会遇到以下情况：要么同时面对两样自己向往的事物，只能选择其一；要么同时面对两样自己讨厌想回避的事物，必须选择其一；再不就是同一样事物，既让你喜欢，又让你讨厌。以上三种情况，都会形成心理冲突，让你感到进退两难。而且，无论你如何选择，你的欲求总是部分或全部达不到满足。

"你有心理冲突吗？"小东冷不丁地问金子道。

"当然有咯！"金子正低头闻着菊花茶的清香，被小东一问，连忙抬起头，回答道，"比如说，在感情问题上，是最容易出现心理冲突的，无论是两个对象间的取舍，还是一个对象身上的优缺点并存，都够令人头痛的。"

"哈哈，"小东戏谑地说，"你们女人，不，你们女孩子，除了感情还是感情！我们男人就没有这样的心理冲突。"

"面对重要问题，心理冲突是难免的，谁的生活中也避免不了，有些人为了避免心理紧张，就草率做出选择，还说，'一个坏的决定也比没有决定好'……"金子抢白道。

"喂，你好像又在说我嘛！"小东不悦道，"你懂不懂男性心理？"

现代人（特别是男性）常见的心理冲突有：

1. 成家与立业之间的冲突；
2. 单身与结婚之间的冲突；
3. 欲望与理想之间的冲突；
4. 相互冲突的生活方式与价值观念引起的心理冲突；
5. 还有，缺乏清晰的目标或条理性引起的心理冲突。

拥有清晰的目标和有条不紊的行为习惯，可以把生活中种种矛盾交错的支流引入江河大海，可以使人的情绪平稳，心态安宁。

很多人在生活和工作中缺少规划和条理，对于先干什么，后干什么常常心中无数，甚至轻易打乱原来的生活秩序，这样的人容易焦急不安，事倍功半。换句话说，一个人的生活和工作井井有条，可以预先避免许多心理冲突，并最终帮助他的工作和生活获得成功！

3. 社会支持与良好适应

"我给你讲个故事吧！"看到小东沉默不语，金子主动缓和气氛，"故事的名字就叫——！"

多和陌生人说话

在美国纽约的时代广场，有一位银发老妇整日踱来踱去。有人认为她是在活动筋骨，有人认为她是无家可归的老人。直到有一天，报纸上登出了这位老人的事情，人们才知道，原来她是在来来往往的人群中搜寻面带焦虑、心事重重、需要帮助的无助者。

见到独自乱跑的小朋友，她就上前问一句："小宝贝，是不是找不到家了？需要我帮忙吗？"见到满脸忧郁的女孩子，她就上前问一句："孩子，有什么不开心的事吗？说出来吧，或许我能帮助你。"见到心事重重的老年人，她也会主动上前打个招呼："有什么为难的事吗？用不用我给你出出主意？"她救助过因长期失业而感到前途渺茫企图自杀的男女青年，送还过离家出走的学生和迷途的弱智老人，救助过被拐骗的外地少女，还曾成功地劝说走投无路的罪犯投案自首……

在这位老妇人的影响下，纽约成立了一个自发性的银发老人救助组织，口号就是"多和陌生人说话"。现在，越来越多的退休老人加入了这个行列,像那位老妇人一样,走上街头用他们那双见多识广的眼睛,去搜寻来来往往的人群,一旦发现可能需要帮助的人,就主动上前,去和陌生人说话。

"你想说明什么?"小东心虚地说,"你的意思是不是我应该改行,不要再做广告材料这一行了,去当社会工作者?或者是我不要老过来找你聊天,有空多去找陌生人说话?"

"你又捣乱,我只是想说明,**人与人之间多一些交流,这个世界就多一份温暖——让更多人一起享受生命阳光!**"

你一定听说过,精神紧张的人容易患高血压、胃溃疡,我们的心理与生理之间存在密切关联。但是你也许不知道,与此相类似,我们与他人发生的各种社会联系,同样也会影响到我们的身心健康。特别是随着年龄增长,是否拥有良好的社会联系,更是成为生活质量和身心健康的关键所在。

前不久,美国芝加哥大学的研究人员进行了一项名为"健康、年龄与社会联系"的研究。他们在芝加哥市甄选了200名有代表性的中老年人,在连续几年内,对他们的身体健康、生活习惯、社会联系甚至经济收入等情况做细致的跟踪调查,试图找出到底是什么让人们在慢慢衰老的过程中继续享受健康快乐。

结果发现:人们与外界发生的各种社会联系对他们的生活质量具有相当高的正面相关价值。那些在调查中回答"对自己的社会联系满意"的人,绝大多数睡眠非常好,生活质量的总体评价高,经常能体验到幸福感,甚至在工作中也赚到了更多的钱。

同样,在身体健康方面,这项研究发现:那些缺少社会联系、渴望友谊的中老年孤独者的血压,比社会联系良好者,平均高出30个标准点。

"嗯,人年纪大了是很怕孤独的。"小东点点头。

"各个年龄层的人都需要来自他人的关心。除了老年人,儿童和青少年也特别需要!"

当今社会各种压力加重了人的心理压力,帮助和寻求帮助的行为成为人们缓解心理压力的客观需求。对社会支持的心理学研究,正是在探求生活压力对身心健康影响的背景下产生的。近年来,伴随我国现代化、城市化变迁产生的外在压力,以及独生子女青春期提前、社会化延后等产生的内在压力,**中国青少年身心压力急剧增大**,有关家庭、学校、社会关系等对青少年身心发展的影响越来越受到人们的重视。这些研究从不同角度提示了青少年社会支持的基本特征及其对青少年发展的影响。

"对了!你上次说最近在做青少年心理健康方面的研究课题,该不是在研究青少年的社会支持吧!"小东突然插话道。

"嗯,社会支持是其中很重要的一部分。"

20世纪70年代初,国外学者对社会支持与帮助问题进行了大量研究。社会支持指人们从社会中得到的,来自他人的各种帮助。社会支持分两类:一类是客观支持,包括物质上的直接支援和社会网络、团体关系的存在和参与,是人们赖以满足各种身心需求的家庭、朋友和社会关系的汇总;另一类是主观支持,即个人内心体验到的支持,也就是个人在社会中受尊重、被支持、被理解后得到的情感上的满足感。

心理学调查研究证明：朋友、邻居、同事、配偶、父母的支持与个人的团体参与程度均能增加个人的快乐感，能够利用社会支持克服困难是保持身心健康必不可少的因素。此外，社会支持是独立于人格因素和生活事件的，且社会支持低下本身就可以导致个体产生不良心理体验，如孤独感、无助感，从而使心理健康水平降低。

"等等，等等，"小东听不懂了，"请解释一下最后那句话：独立于人格因素和生活事件是什么意思？"

"小东真有礼貌！是我不对，用了个专业术语。"金子歉意地微微一笑，"这句话的意思是：经过心理学的调查研究发现，不论你性格是否开朗，生活是否顺利，有亲人或朋友主动关心你，为你提供帮助和便利这件事情本身，就是一件非常正面，令你更加健康快乐的事情。反过来，孤立无援的处境，总会给人带来孤独感和消极情绪，哪怕你其他方面也都还顺利。"

"喔！那要交多少朋友才算支持水平够高？"小东好奇地问道。

社会支持水平可以从以下三方面衡量：

一是社会支持的数量。即在需要支持与帮助时能依靠他人的程度，主要涉及客观支持。

二是对社会支持和帮助的主观满意程度。主观感受到的支持比客观存在的支持更有意义，因为被感受到的现实才是心理上的事实，正是心理事实在实际地影响着人们的行为。

三是个体对社会支持的利用情况，即个体对支持的利用度。研究发现尽管男性的社会支持源较女性多，但是男性的社会支持利用度低于女性。

"你的意思是男性交的朋友普遍比女性多，但不喜欢找朋友帮忙？这好像不对吧？！"小东反驳道。

"帮忙，要看帮什么忙了！"金子一语双关地说，"从社会适应和心理健康的角度来看，女性更懂得用友谊来促进自己的心理健康！"

心理学理论认为，工具性行动（如购买物资，寻找工作等）往往靠弱关系来解决，而表现性行动（如倾述自己的苦恼，共享欢乐等）主要靠强关系来解决。心理学所讲的社会支持，不同于我们一般意义上的人脉或社会资源，包含更多内心情感因素，例如温暖、归属和爱。

4. 心理健康有标准吗？

"好吧，"小东话锋一转，"心理健康有标准吗？"
"有呀，还很多呢！下面四个是有代表性的……"

世界心理卫生联合会提出的心理健康标准：
1. 身体、智力、情绪十分协调。
2. 适应环境，人际关系中彼此能谦让。
3. 有幸福感。
4. 在学习和工作中，能充分发挥自己的能力，过着有效率的生活。

我国精神病学专家制定的心理健康标准：

1. 有工作和职业活动的能力、质量和效率；遵守劳动纪律和规章制度，能完成工作任务，在工作中能与他人合作。
2. 已婚者能进行夫妻之间的相互交流，共同处理家务，为对方负责。未婚者能与父母进行交流、沟通。
3. 关心子女的健康成长，与他们有情感交流，有共同活动的兴趣和爱好。
4. 能主动和他人交往、不退缩，不回避。
5. 能积极参加社会集体活动。
6. 面对突发事件，能理智、平静地对待处理。
7. 能分担家务事，参加家庭娱乐，讨论家庭事务。
8. 能保持个人身体、服饰、住处的整洁，进食和排泄等生活能力较好。
9. 对外界有兴趣，了解和关心单位、周围、当地和全国的重要新闻和消息。
10. 关心本人和家庭成员的进步。发展良好的兴趣和计划。

美国心理学家奥尔波特提出的心理健康六项标准：力争自我成长；能客观地看待自己；人生观的统一；具有与别人建立亲睦关系的能力；人生所需的能力、知识和技能的获得；具有同情心和对一切有生命的事物的爱。

美国人本主义心理学家马斯洛和米特尔曼提出的心理健康十项标准：有足够的自我安全感；能充分了解自己，并对自己的能力作出适度的估计；生活的理想切合实际；不脱离周围的客观环境；能保持人格的完整与和谐；善于从经验中学习；能保持良好的人际关系；能适度发泄情绪和控制情绪；能在符合集体要求的前提下，有限度地发挥个性；能在不违背社会规范的前提下，适当满足个人的基本需要。

"我喜欢第一个标准，才四条，多了记不住。你呢？"小东问金子。

"列出这么多标准，我是想告诉你——"

"心理健康是一个复杂的概念！"小东抢先道。

"对！"

事实上，心理健康是一个相当复杂的概念，在不同时代、不同国家、不同民族，存在不同的观念。例如同性恋现象，我国精神医学观点目前仍认为属于心理障碍，而在西方一些国家现在认为是正常心理现象。此外，心理健康与不健康之间并不存在截然的界限，是一个从量变到质变的关系。

心理健康还有广义和狭义之分，广义的心理健康以作出良好的适应，充分发挥身心潜能，使一个人的心理处于最佳状态为目标。狭义的心理健康则是指预防心理障碍和心理疾病。

"怪不得，你刚才说的前两个标准感觉上比较现实，主要对应你说的狭义心理健康，后两个标准则有点理想化，就是广义的心理健康咯！"

"嗯，你反应很快嘛！"金子喝了一口菊花茶，愉快地回应道，"不过，这四个标准有一条共通的潜台词，你发现了吗？"

"没有。"小东老老实实地说。

"它们其实都认为——**心理健康离不开社会适应！**"金子

有点得意，又有点调皮地总结道，"总而言之，言而总之，**心理健康指的是能表现出合乎某一社会标准的行为。一方面个人行为能被社会所接受，另一方面个人本身在心理上得以不断地自我完善和积极发展！**"

还有呢，你知道吗，心理健康对我们的生活有很大影响。首先，心理健康与生理健康密切相关。我国古代《黄帝内经》就已经揭示了心理和情绪因素对身体健康的显著影响。近代西方医学更明确提出心身疾病的概念，即一类心理因素起很大作用的躯体疾病，包括冠心病、高血压、支气管哮喘、胃溃疡、神经性皮炎、类风湿关节炎等。现代科学研究发现，长期不良情绪会导致人体免疫功能下降，诱发感冒、肝炎甚至癌症。对于青春期的青少年，消极情绪甚至会抑制生长激素分泌而影响身高；长期紧张焦虑还会引发青春期高血压和加重痤疮、粉刺呢！

其次，心理健康对我们的生活能力也有很大影响。心理健康者能充分发挥他们内心潜在的能量，在其他条件相当的情况下，他们的工作和学习效率往往更高。同样，心理健康者更能够耐受逆境，能平稳度过社会变革和个人挫折。还有，前面说过，人际关系影响心理健康；心理健康往往又反作用于人际关系。心理学研究表明，人缘好的人的个性品质，恰与心理健康的标准一致。而在团体中受人排斥者的个性品质，恰与心理健康的标准相悖。生活中也很常见，心理亚健康或心理障碍者的人际关系品质，远不如心理健康者。

"说来说去，都是在讲人际关系，一会儿人际关系影响心理健康啦，一会儿心理健康影响人际关系啦，人际关系真就那么重要?!"小东开始不满起来,"我就不信!一个人首先要学会依靠自己,依赖别人的帮助或是别人的喜欢生活,那怎么能行?那不就成了无能的人了?!"

"你们男孩子呀,就喜欢逞强!"金子惋惜道,"你知道吗,走进心理咨询室的,女性比男性多,但问题严重的,男性比女性多。"

5. 心理咨询的独特作用

"我记得有位诗人说过一句话:**心与心之间的距离是最近的,也是最远的。**"金子若有所思地说。

"哈哈,我知道是谁说的,是周国平!"小东得意道。

金子没理会小东,接着说道:"这句话真是现代人际关系的写照,只要有人主动向前,心其实很容易靠近,如果大家都被动等待,或是互相设防,那就成咫尺天涯了。唉,这个靠近,真就那么难吗……"

"有什么好唉声叹气的,大家都交不到知心朋友,都来找心理咨询师聊不就行了,你们不就是专业陪人聊天的吗。"小东大大咧咧地说。

"你说对了一半!**心理咨询——是一种特殊的谈话关系,其中一方旨在帮助另一方。**"金子面向小东,"小东,你还记得那个一捧淡水的故事吗?"

从前,有位名叫波力的商人,率领了五百名商人到海上寻宝。大船航行在茫茫的海面上,海神突然从水中钻了出来,他手中捧着一捧淡水问波力:"你说,是海水多,还是我手里的一捧淡水多呢?""我想是一捧淡水多。"波力镇定地答道,"为什么呢？因为海水看上去虽多,但不能饮用,对于快要渴死的人来说,等于没有；而一捧淡水看上去虽然很少,但碰见个没水喝的人,把这淡水给他喝了,或许就能搭救他的性命。"

"你的意思是？……"小东竭力思考。

"我的意思是,在积极追求心灵成长的人看来,**现代社会物质丰富、但很容易精神迷惘,有时候,我们恰恰缺的就是来自人与人之间的那一份情感,那一种支持,那一句点醒,那一线光明！**"

"心理咨询还真成了点石成金的魔杖了嘿！"小东揶揄道。

"你不信？"

"我不信,不就是聊天嘛,哪来那么大的魔力！你倒说说看,你是怎样帮助你那些来访者解决心理问题的？"

> **小 茶 点** 做自己心境的主人
>
> 亲爱的朋友,当你为生活中受到了挫折而感到沮丧、烦恼时,不妨先喝上一口菊花茶,然后再来尝尝下面这些自助小茶点:
>
> 1. 振奋精神:来吧,先做会儿运动,洗个热水澡,再听听 New age 音乐,喝杯清香的茶。
>
> 2. 自得其乐:记得那些让你快乐的事物和才艺爱好吗,重温旧梦又如何？
>
> 3. 爱好广泛:除了原有的爱好,何不再学些新的知

识和技能?

4. 乐于交往：朋友是交来干嘛的？老话说得好，每交一个好朋友，悲伤有机会减半，快乐更可以加倍！

5. 开怀一笑：何不换个视角，幽自己一默；看个喜剧片也不错。

6. 分散心思：攻不下的难关，先放一放，调整好身心再"卷土重来"。

7. 当机立断：该下决心了，勇敢点！毕竟，长痛不如短痛。

8. 为快乐生活定计划：来吧，给学习和工作排个轻重缓急，做好每周、每月、每年的时间管理，记得留出足够时间，常葆心情舒畅快乐。

第二章 什么是心理咨询?

"你呀,也难怪你,心理咨询是一个很精致很用心,同时又很灵活很微妙的人际过程。如果没有咨询和被咨询的经验,确实挺难理解它到底是怎么回事儿的。"金子谅解地说道。

1. 有时,心理咨询很像……

"我听到过的关于心理咨询的误解可多了去了,有人觉得心理咨询师不是一个好职业,整天听别人的心理垃圾,头脑中一天到晚分析别人,分析自己,弄不好自己也会出心理问题,甚至发疯,自杀;还有人认为心理咨询师本身就是自己心理有病才会对心理学感兴趣。"金子无可奈何地笑了笑,"另外有不少人对心理咨询抱有过高的期望,以为一两次咨询就能解决所有问题;而他们对于心理咨询的收费,又觉得太贵不值得,不如去医院花得那么甘心。关键,大家都还不了解心理咨询到底是什么!"

要想了解心理咨询到底是什么,我们不妨先来看看,有时,心理咨询很像什么:

有时,心理咨询很像看病,来访者常常会把咨询师看作医生,他/她带着苦恼来到咨询室,希望咨询师能帮助他减除痛苦,矫正问题。此时,心理咨询师关心来访者的痛苦,也希望帮助来访者一起来面对和解决问题,但咨询师却不会把来访者当作"病人"来看。在咨询师看来,来访者是作为一个与咨询师完全平等的人,并且是作为一个完整意义上的人,来接受咨询师的尊重、理解、关心和帮助。注重身心灵的一体性和启发调动来访者的主观能动性在心理咨询过程中至关重要。不同于医学模式中,病人只是症状的附着体,被忽略了作为一个人的尊严和整体性。

有时,心理咨询很像是两个好朋友在谈话,来访者的话题生活化、个性化,咨询师的回应则关心体贴,富有人情味,但心理咨询不是朋友谈话,单单具有人情味的对话,不是心理咨询。

有时,心理咨询很像记者采访,咨询师在倾听来访者的心声的同时,一直留心收集来访者与所求助的主要问题直接和间接相关的信息,但仅仅专注于尽可能多地收集有关来访者的各种资料,例如家庭背景、个人主要经历、个人兴趣、能力、特长、问题的发生和发展等,不是心理咨询。

有时,心理咨询很像寻求忠告和指导,心理咨询中,会有各种解决方案的提出和共同探讨,但单单提供问题的解决方案。然而,仅仅提供解决问题的答案,却不是心理咨询。

有时，心理咨询很像谈恋爱，咨询师对来访者深深地共感，投情，以致心灵共鸣，相互默契……

有时，心理咨询很像来访者的个人独白，来访者会长长地倾诉，常常伴着泪水……

有时，心理咨询很像一场招聘面试，来访者尽情表现自己的配合"治疗"或是"病情"严重……

有时，心理咨询很像谈判，双方僵持在某一个心结或心防上……

有时，心理咨询很像两个侦探破案，咨询师在来访者的合作下共同寻求问题的来龙去脉……

"STOP！你就直说吧！心理咨询到底是什么？！"小东忍不住了。

2. 心理咨询是……

心理咨询是一个出现在某种"一对一关系"中的过程，在这种关系中，其中一个人被难题所困扰，自己无法应付，因此需要另一位有专业能力的人来协助他，好让他对面临的困难，能够找到解决办法（Hahn & Machean,1955）。

心理咨询是一个帮助人的过程，在这个过程中，两人所要建立的某种关系不但是必需的条件，而且这种关系足以令人改变和成长。同时，心理咨询是为那些缺乏良好的人际关系以致产生问题的人所进行的一种特别治疗（Patterson, 1974）。

心理咨询是：

（1）清楚知道来访者有困难或有适应不良的症状，对生活的苦恼需要倾诉，需要他人的帮助；

（2）与来访者建立关系；

（3）引导来访者表达感受，同时对问题作出澄清和详尽说明；

（4）对来访者所述的感受和个人信息共同探讨；

（5）探索改变的理想方面；

（6）将来访者的感受作适当的处理，同时通过强化和解释等方法来引导来访者作出改变；

（7）促进来访者的自觉，协助他发展观察和分辨能力，并给他作出行动评判；

（8）对整体的咨询关系从始到终作出评估。

（Brammer & Shostrom,1968）

"不好不好，这些定义都太抽象了！"小东直率地评价道。

"我同意！"出乎小东的意料，金子居然没有反驳他，"这些定义在我们行内的人看来，其实都挺精辟的。不过，它们有个共同的缺点，行外的人看了并不能真正理解！"

"这也叫精辟呀！不懂的人看了还是不懂！"小东不放过任何打趣金子的机会。

"看你急得。"金子捧起绿陶杯，喝了一口菊花茶，接着问道，"刚才，我给你描述心理咨询很像……的时候，你没发现些什么吗？"

"发现什么？！我看你是故意在逗我，总是说心理咨询很像什么什么，然后又说其实不是什么什么，根本就是故弄玄虚！"

"那些是必要的铺垫呀，"金子微笑着说，"接下来要引出的是我多年喝菊花茶总结出的菊花心语第一条：**心理咨询是一种旨在助人的近乎绝对真诚的人际交往**，不同于任何其他人际交往形式，心理咨询的独特性和关键点在于：需要双方高度的精神专注和几乎不设防的心理敞开度；否则无法达到心理帮助所需要的深度和转化度。"

如果你仔细地观察他人，或严格地审视你自己，你就会发现人们在生活中并不总是真诚地交往。例如，你可能会掩饰自己对某人的排斥态度，或者你会将某些特定的内容包装起来，作为自我保护的手段。

在日常生活中，试图作到绝对真诚，是不可能的，这是因为：

1. 我们的某些动机是不自觉的，所以并不总是能为自己的行为、言语或举止方式找到真诚的解释。
2. 说出真相可能伤害他人。把你主观认为的真实强加给对方，这样的为真诚而真诚只会导致对对方的伤害。
3. 说出真相可能给自己带来损害。为了自我保护而撒谎是最常见的。
4. 有时候我们的交往伙伴并不重视真诚和坦率。强迫自己同这样的伙伴去真诚交往对自己可能有害无益。

"你的意思是不是，虽然生活中很难做到，但在心理咨询时必须要双方做到百分之百的真诚？"小东有些听懂了。

"这是理想状况啦！"金子说，"虽然，心理咨询室就像一座象牙塔，是一个纯净得几乎与世无争的地方。但来访者人走进来，不等于他的心也走进来了。何况，这个象牙塔的氛围是由咨询师和来访者共同营造的，除了来访者的诚意之外，心理咨询师的为人、水平和言谈举止对于能否产生信任感有着很大影响。不过，一旦彼此间达成一种默契和信任感，那就表明来访者的心扉向咨询师打开了，直到……"

"直到咨询师对来访者一览无遗！"小东大声说道。

"不对不对！"金子听了直摇头。"**我们如果想与他人真诚来往，就必须尊重他的心理隐私！**"

如果只是片面地追求真诚，却在无意中伤害了他人的心理，这就说明我们不太关注对方的感受，我们的注意力只集中在自己而不是对方身上。

真诚离不开尊重，无论是在心理咨询中还是在日常交往中，如果忽略了尊重，对方好不容易向你打开的心扉又会很快地关上。当然，在心理咨询中，这种尊重建立在双方平等的基础上。

"你这个平等怎么理解？"小东的问题又来了。

"我的理解是：咨询师作为心理学和心理问题的专家，掌握了人心共通的一些规律，而来访者呢，掌握的是他自己个人独特的内心世界的规律，他有他独特的人生经历和人生体验，有他独特的理解世界、理解自我的角度和方法，说他是解决他自己心理问题的专家一点也不为过呀！"金子回答道。

"嚯，"小东听明白了，"那就是两位专家碰面咯！彼此平等，相互尊重，有意思！"

"是呀，来访者就是咨询师最好的心理学老师。"金子诚恳地说道，"正如列夫·托尔斯泰曾经说过的那样——**每个人的心灵深处都有着只有他自己理解的东西！**"

3. 谁不适合心理咨询？

"金子金子，"小东好奇地问，"你说你已经做了八年心理咨询，有没有发现哪些人不适合来心理咨询？"

"有呀，正在发作期的精神病来访者，以及还没有准备好向咨询师打开心扉的人都不适合心理咨询！"金子手捧绿陶杯说道。

心理咨询的问题等级划分从健康状态到心理疾病状态一般可分为四个等级：心理健康——心态不良——心理障碍——精神疾病。

关于心理健康，有一个简明的主观判断标准：即是否拥有安全感、充实感、自信感和精神愉快感这"四感"，其中最重要的是精神愉快感。就像身体完全健康的人气血通畅，精力旺盛，浑身上下感觉很舒服一样，心理完全健康的人内在的自我感觉就是安全、充实、自信和心情愉快。

心理完全健康的人也可以进行心理咨询，通过咨询发现自己的盲点，开发自己的潜力，实现个人成长，总之，"能者更能"，最佳状态"上不封顶"！

当然，不少走进咨询室的来访者正处于心理受挫导致的不良心态下，或是处于心理障碍和心理疾病状态。就最近几年走进我们心理咨询室的来访者来看，处于以上几个等级的人都有，尤以心态不良和心理障碍的来访者为多。

心态不良，又称心理亚健康。由于个人心理素质（如过于好强、孤僻、敏感等）、生活事件（如工作上不顺利、人际关系紧张、失恋等）、身体不良状况（如劳累、疾病）等因素共同引起。特点是：

1. 症状持续时间短。一般在一周内会逐步缓解。
2. 对生活影响较小。处于这一状态的人一般都能正常完成日常工作学习和生活，只是情绪不佳，感觉到的痛苦感大于愉快感，"真烦"、"无聊"、"郁闷"等是他们的口头禅。
3. 有能力自己调整。处于此状态，大部分人能通过自我调整、放松来改善心理状态。如休息、聊天、运动、娱乐等方式都可能有助于心态得到改善。如不能及时调整，不良心态可能会相对固定下来。此时寻求心理咨询师帮助，有助于尽快恢复心理平衡。

心理障碍是由于个人及外界因素造成心理状态的某一方面（或某几方面）的发展超前、停滞、延迟、退缩或偏离。特点是：

1. 不协调。其心理活动的外在表现与其生理年龄不相称或反应方式与常人不同。如：成人表现出幼稚状态；对外界刺激的反应方式异常等等。
2. 针对性。处于此状态的人往往对障碍对象（如敏感的事、物及环境等）有强烈的心理反应（包括思维及动作），而对非障碍对象可能表现很正常。
3. 损害大。此状态对其生活能力影响较大。它可能使当事人不能按常人的标准完成某项或某几项社会功能。如：广场焦虑症来访者不敢在空旷的场所逗留，锐器恐怖症来访者不敢使用刀、剪。
4. 需求助于心理咨询师。此状态者大部分不能通过自我调整和朋友的关心帮助解决问题。寻求心理咨询师的帮助十分必要。

"等一等"，小东忍不住叫停了，"所谓心理障碍来访者就是精神病患者对吗?"

"不是的!"金子纠正道,"精神疾病来访者是另一类群体,他们的问题更严重,常常分不清幻想和现实,通常需要精神科医师和心理咨询师共同治疗和帮助,否则很难缓解和康复。"

精神疾病来访者需要心理咨询和药物治疗相结合的综合治疗手段。在治疗早期通过情绪调节类药物快速调整情绪,中后期结合心理咨询解除心理障碍并通过心理训练达到生活能力和社会功能的恢复。

"我实在看不出这两类来访者有什么区别!"小东困惑地说。

"这里面区别可大了,下次有时间,我教你心理障碍的分类法,你就会更清楚了。"金子耐心告诉小东,"对我们咨询师来说,能在咨询室里见到的来访者,通常都是前三类,因为,正在发作期的精神疾病患者是不会来找我们咨询的,因为他们没有自知力!"

"自知力?!"

"对!自知力就是对心理问题的自我觉察力。心理障碍来访者会主动上门咨询,主动对咨询师说,我有病!而恰恰是问题最严重的精神疾病患者却丝毫不觉得自己有问题,因为他们分不清楚幻想和现实,会觉得自己很正常。"金子微微笑了一下,"这就是自知力,心理障碍来访者有自知力,精神疾病来访者则没有!"

"喔,就像真正喝醉酒的人总是说自己没醉一样!"小东恍然大悟。

4. 心理咨询的目标

"针对不同问题等级的来访者,心理咨询也有不同层次的目标:从缓解精神疾病、治疗心理障碍、改善不良心态,到心理健康者的潜能发挥!"金子喝了两口菊花茶,接着说道。

"你碰到过专门来找你开发潜力的来访者吗?!"小东怀疑地问。

"目前还没碰到过。"金子说,"不过,从广义上讲,治疗心理障碍和改善不良心态的同时,都会有助于一个人的潜力发挥呢!**我的体会是——'助人自助'是心理咨询的核心目标!**"

心理咨询的目标并不是给来访者提一些建议,而是帮助来访者看到自己存在什么问题、认识到自己具有哪些解决问题的能力、找到最适合自己解决这些问题的方法和途径,最终解决问题。在这整个过程中,咨询师的任务就是引导来访者看到问题、认识自身能力、抉择解决方法和最终自己解决问题。也就是"助人自助"。

咨询师相信"每个人都是解决自己问题的专家",来访者的问题只有来访者有能力、有资源来解决,而来访者的能力和资源只有来访者自己最了解,因此解决问题的方法主要靠来访者自己发现。通过心理咨询过程,咨询师帮助来访者提高认识能力,改变对自身的认识和观念,帮助来访者提高自身的心理自助能力,协助来访者开发自身的各种潜在能力。通过心理咨询,来访者逐渐增进自我了解、实现正向改变,最终实现潜力!

"你这样讲太抽象了！"小东略带置疑地说。

"好吧，再讲得具体点！"金子又喝了两口菊花茶，继续解说道，"增进自我了解，实现正向改变具体表现在两方面：**一、来访者更愿意为自己的行为负责；二、来访者更能够接纳自己与他人。**"

例如，有这样一位高中女生，她觉得周围的同学对她很不友善，不主动同她聊天，不给她打电话，周末不请她一起玩，她感到自己不被接纳、不受欢迎，为此十分苦恼。在咨询过程的细致沟通中，找到了两个突破口，一是她对自己外貌上的一些特点非常敏感，甚至自卑；二是她通常面部表情严肃，很少微笑，很少主动与同学交谈。

首先，大部分咨询学派相信，来访者本来能作选择、愿意负责。可是，由于一些内因或外因的干扰，来访者无意识中放弃了他所拥有的选择自由，抱怨自己是社会和自然环境的受害者，扮演被动受害的角色，无法主动为自己的行为负责。在上面这位高中女生的例子里，她觉得是同学们不欢迎、不接纳自己，而对自己在整个情境中的行为及其影响则根本没有觉察。在咨询中，咨询师会协助她觉察到她自己的消极被动（适应行为的一贯模式）及由此产生的影响，并领悟到她可以有其他的行为选择，然后协助她重新选择，并对自己作出的选择负责。

其次，来访者的问题大致可归为两类：一类是有关如何接纳自我，与自我和平共处，处理来访者内心不同力量间的冲突；另一类则是有关如何接纳他人，如何与来访者身边的社会环境和谐相处。这两类问题其实就像一枚硬币的正反两面，一方面，内心冲突会影响到来访者与外在环境的和平，而与外在环境的冲突，最终反映到内心状况上，进一步破坏内心的和谐。就以这位高中女生为例，一方面，她对自己外貌被不接纳感到自卑，使她更加渴求来自他人的接纳，也更加敏感；另一方面，她对自身缺点难以接纳，同样对他人的缺点也会更加敏感，更加难以宽容地接纳他人。

针对像她这样在人际关系中难以接纳自己的来访者，咨询师会协助她重新接纳被自己压抑和否认的那部分自我。当她更多层面的自我能够和平相处时，也就开发出了更多的潜力供她使用。

针对难以接纳他人的来访者，咨询师会协助来访者了解自身无法与环境和谐相处的原因，然后去除障碍因素，使来访者能更自由地借助外在资源帮助自己生存发展。

人失去环境中各种资源的支持，就会寸步难行，所以人们必须与周围的社会环境保持和谐关系。而就个人内在而言，在今日复杂多变的社会，要流畅地周旋在多边的情境、多面的人性中，如果不能接纳和整合自身多样化的人格特质，同样会困难重重。正是在逐渐接纳他人和自我各层面的过程中，来访者的潜力得到充分扩展，最终达到潜力的完全实现，也就是自我实现。**心理咨询的最高目标，就是协助来访者自我实现！**

"你能……"小东有些迟疑地说。

"讲得再清楚点吗？"这下是金子抢了小东的话，"可以呀，听听我这个心理咨询师的思考和心得吧！**菊花心语第二条：心理咨询通过帮助来访者建立和提高面对自身和环境难题时的自我效能感，实现'助人自助'这一心理咨询的核心目标。菊花心语第三条：疏离感，是现代人的主要**

困境；彻底打破疏离感，是现代心理咨询的最高目标，与自己不疏离，与他人不疏离，与宇宙不疏离。"

小东沉默不语……

"怎么样？有没有找到一点感觉？"金子问。

"好像明白更多一点了。"小东认真思考着，"你重新诠释了心理咨询的两大目标，使它们更具可操作性，同时赋予了它们新的含义。"

"咦?!"出乎金子的意料，小东能够很好地理解她的"菊花心语"，而且没有提问她什么叫"与宇宙不疏离"。

"咦什么，你以为只有你懂什么叫灵性吗？"小东大声说，"告诉你，你说的那几本讲后人本心理学的书，我全都看完了！"

"好吧，你是怎么想出这么精彩的观点的？是不是存心想镇住我，让我听不懂呀？"看金子还是没声音，小东赶紧讨好地说，"金子，来访者来找你，你第一句话说什么？"

5. 心理咨询的一般模式

"说什么都行！"

"好啦，别生气了！我以后说话注意点，专拣好听的说还不行吗？"

"扑哧——"金子笑了，"谁有空跟你生气！是真的，说什么都行！"

"不会吧?!"小东将信将疑。

心理咨询过程分三个阶段：

阶段一：起步——建立良好的咨询关系，了解来访者求助的问题及相关信息。

有效咨询的基本条件，就是咨询师必须首先与来访者建立良好的咨询关系。目前一些非专业人士对心理咨询有误解，就是不了解咨询效果有赖于良好的咨询关系。他们认为：

1. 咨询可以立即让来访者产生改变；
2. 只要咨询师与来访者谈过，就必须产生效果，否则就是咨询师无能；
3. 咨询是一问一答的过程，咨询师可以很快了解来访者的问题，并且协助来访者分析原因。

产生以上误解的原因，是他们误以为咨询一开始，就必须立即解决来访者的问题。他们不了解，不论咨询师有多大能耐，除非来访者愿意，否则咨询师就无法进入来访者的内心世界，更无法引领来访者觉察自己潜在的感觉与想法，发现问题症结。所以，咨询第一阶段的目的不是立即协助来访者解决问题，而是先建立良好的咨询关系。

"所以嘛，说什么都行，只要有助于建立起融洽和安全的咨询气氛就行！"金子的口气十分轻松。

"我懂了，是不是就像一位朋友到访，我们会笑脸相迎，向他打招呼，然后问长问短？"小东似有所悟。

"是有点像，关键在于咨询师的态度，咨询师要把发自内心的对来访者那种真诚、尊重、接纳和关心的态度，由内而外、自然地表达出来！"

在这一阶段，来访者会叙述他的问题，此时，咨询师必须全神贯注地聆听来访者的描述，在必要的时候回应来访者，传递他对来访者的了解。为了收集来访者的问题资料，咨询师也可以适当提一些问题。

例如，在前面那个高中女生的例子里，她感到咨询师很亲切、耐心，愿意同咨询师交流，谈出了周围同学对她很不友善，不主动同她聊天，不给她打电话，不请她一起玩，她为自己的不被接纳感到很苦恼等情况。

在这一阶段收集到的资料，通常只是来访者问题的外显信息，不是来访者深层的内心体验。

阶段二：深入——深入探讨来访者问题，发掘问题的根源。

咨询进入第二阶段时，因为咨询师与来访者已建立起了良好的咨询关系，所以咨询师可以引导来访者进入深层的内心世界，探索来访者过去所未觉察到的经验。在这一阶段，咨询师会根据第一阶段收集到的信息，引导来访者深入探索有关的主题，从表面的外显行为追溯到问题的根源。基于不同学派的理论框架，探索的方向有所不同。

接着前面的例子，在咨询的第二阶段，通过细致的沟通，咨询师发现了两点突破口，一是她对自己外貌上的一些特点非常敏感，甚至自卑；二是她通常面部表情严肃，很少微笑，很少主动与同学交谈。这两点，同她目前的人际关系难题关系密切。

阶段三：进步——协助来访者采取行动解决问题并结束咨询关系。

在前一阶段的探讨中，来访者已经明白问题的根源。有些来访者可以从前一阶段探索的顿悟中，直接产生行为上的变化，可是更多的来访者必须经由咨询师协助，拟订改变的计划，才能从"顿悟"迈向"行动"，让改变的成果体现在自己的现实生活中。当来访者的问题获得改善后，咨询师必须适时终止两人关系，但是咨询关系的结束，必须经过咨询师与来访者双方的同意。

"喔，原来是这样！"小东听明白了，"由外而内，由表及里，推动来访者自己解决问题！"

"你总结得真不错！"金子赞扬道。

"嘿嘿，"小东高兴了，"继续努力！"

"很多第一次来咨询的来访者不了解心理咨询的过程，往往还没把自己的情况讲清楚，就急于请咨询师给建议。他们的想法是，咨询师既然是解决心理问题的专家，那就只需要把大概情况讲一下他们就明白了。而且，他们最需要的就是建议，就是解决问题呀！为什么要浪费时间在前面这两个阶段呢？何况，走完这个三阶段，快一点的也需要五到八次的面谈，每周一次，每次一小时。即便问题较单纯，通常也需要两三次面谈，才能完成一个'疗程'。"金子继续说道。

小东灵机一动："你刚才说的，让我想起一个故事。"

空中楼阁

很久以前，有一位富翁，富有钱财却缺乏智慧。一天，他看到另一个富裕之家造豪宅，共有三重楼阁，最美的是其中第三层，高大广阔，端正壮丽，气势不凡。他心中羡慕不已，找来了为那家造楼的工匠，请他为自己造一座同样的楼。工匠听了他的吩咐，便立即选择地方、打制砖坯，准备好一应造楼的材料。这一切，富翁在一旁看着，按捺不住地问道："你打算帮我的楼房造几层？"工匠答道："造三层。"他还是放心不下，接着道："我不想造下面两层，你最好是先给我造出最高的那一层楼。"工匠听了这话，觉得这位主人实在没头脑,"怎么能有这样的事?建楼不从最下面开始,而是自上而下地建筑?"富翁十分固执,依然这样坚持:"你有所不知,我本来就不想使用下面两层楼房,只想住最高的第三层。所以,你只要为我造出第三层楼就行了。"

"小东真聪明!这个故事非常贴切!"金子由衷地夸奖道,"真的!在心理咨询中,确实需要这样一个'起承转合'的过程。如果跳过咨询关系的建立和问题局面的探讨,直接进入问题解决阶段,就像故事中的富翁想跳过第一、第二层,直接造第三层楼那样,急于求成而又脱离实际!"

6. 心理咨询的基本技术

"心理咨询的基本技术也就是人际沟通的基本技术。"金子发现小东不仅听得认真,而且对咨询颇有悟性,谈话的兴致更被调动起来,更加细致地向他介绍心理咨询,"其中又分两大类,一类叫积极主动的倾听技术,另一类叫因势利导的引导技术。"

(1) 积极主动的倾听技术

在心理咨询过程中,倾听是一门艺术。倾听不仅是收集信息的过程,也是传达对来访者的接纳和关爱的过程。咨询师不仅要听来访者说出来的话,还要听"无声之音"、"弦外之音"。有时候,不说话的倾听,以及保持沉默和短暂的静息状态,更能推动来访者深入思考和感受。

正式话题开始后,咨询师要神情专注;对于对方说话的内容不带价值评判地用"嗯","请接着说"之类短句进行鼓励。此外，咨询师还要显示对来访者情感状态的理解。在来访者作有关自己问题、处境的陈述时，咨询师就像一面"会说话的镜子"，不时用自己的话对来访者作出回应，将来访者话语中包含的那些情感、态度或思想点明或者映照出来。

例如，一位28岁的女性来访者说："我男朋友最近要出国，他说3年后完成学业，要我等他3年。唉，3年时间不算短，时间与距离难免影响感情。我都快30了，和他交往也两年多了，现在看来，有没有结果很难说，说真的，我渐渐对这段感情没有信心了。"

"你怎么回应她呀？"小东好奇道。

"我可以就她字面上的意思回应，也可以更深一点，说出她内心的话。从字面上，她是担心时间和距离令感情生变，所以对感情没有信心。更深层，她是觉得男友没有为她着想，一心只关注自己的发展，对两人的关系不重视。男友的态度令她觉得辛苦，也倍感两人感情的脆弱。"

"金子，"小东突然问道，"倾听是不是很累的人的工作呀？"

"怎么啦？"金子微笑着看了一眼小东，"你是不是联想到你平时和客户打交道的情形了？"

"嗯，"小东点点头，"算你猜着了。"

"我觉得，你已经理解到一部分了。"金子欣慰道，"咨询师的倾听确实不简单，是高品质的专业行为，需要非常专注才行。

举个例子吧，一位50岁的女性向她的咨询师谈起工作中的情况："我不知道该怎么办。老板让我把这笔钱做个假账。如果我不做，很可能被免职。在目前这样的就业市场上，像我这样的年龄，很难再找到一份现在这样的稳定工作。如果我做了这份账，也会惹来麻烦，说不定还有可能吃官司。我的头都快涨破了。之前从没遇到过这种事，这可让我怎么办呢？"

"听明白了吗？好！现在请你来试试看，请用一句话回应，让她明白你听懂了她的状况。"

"考语文啊？"小东跃跃欲试，"好像是，她的头快涨破了！对不对？"

"不准确、不全面！"金子回答说，"咨询师的回应要设身处地站到来访者的角度，既要理解她的感情，又要能全面概况她话中的主要信息，比如，你可以这样说：喔，老板给你出了个难题，你现在感到很焦虑，无奈又无助，进退两难！"

"佩服佩服，很概括！她好像是这么个状态。"小东赞赏道。

"到位的回应可以传达咨询师的真诚和睿智，有利于来访者打开心扉，向咨询师更多、更深地倾吐心声。"金子推心置腹地告诉小东，"倾听要听全面、听到位，听懂来访者的心声，那是有诀窍的。**咨询师倾听的诀窍就是：一定要真正关心自己身边的来访者，对他/她保持关注，同时保持自己内心的平和状态，心无杂念！**——咨询师在这种状态下倾听，其实并不累，大脑既警觉又放松，外紧而内松！当然，咨询师如果心情不好、头脑中想事情、或是身体不舒服的话，要做到心无杂念，就不容易啦，需要付出额外的努力！"

(2) 因势利导的引导技术

咨询师对来访者的倾听贯穿整个咨询的过程。通常，在一阶段的倾听之后，咨询师会听出来访者的一些盲点。此时，咨询师会采用因势利导的引导技术来挑战来访者的盲点，例如运用提问进行探究、向来访者提供信息，提供解释、提供指导或是咨询师进行自我揭示等等。总之，充分运用自身的知识、经验和能力来影响来访者。

"你说的盲点是什么意思？"小东问。

"盲点是个比喻的说法，就像我们每个人的视网膜上天生就有一个不能成像的点那样，我们每个人看问题都受到自己人生经验和自我主观立场的局限。所谓盲点就是一些受局限的对自己、对他人和对问题的看法。"金子喝了一口菊花茶，继续解说道，"比如说，某人认为自己说话很幽默，可他的朋友们却认为他总是说话带刺。"

"所以说，要让来访者知道自己的错误？"

"NO，请听**菊花心语第四条：向来访者的盲点挑战并不是告诉来访者他们做错了什么，而是帮助他们用更新颖、更开阔也更灵活的观点来看待自己、他人和周围的世界**。"

从心理学的角度来看，我们人类的理性是有限度的。被个体所感知的现实在很大程度上是个体自己所建构出来的，个体主动构造着对现实的理解并作出相应的反应。所以，心理咨询的过程也是一个咨询师与来访者合作，共同重新建构来访者内心世界的过程。

有些时候，咨询师也会依据心理学的某一派理论或个人的经验，对来访者的问题作出分析和说明，使来访者能够从一个新的角度来认识自己和自己的问题。这种解释技术是一种非常重要和常用的引导技术。

还有些时候，讲个小故事再适当解释一下，也是促进来访者发现和突破自身盲点的好方法。

例如，在人际关系出现矛盾冲突的时候，当事人往往都会觉得问题是对方造成的，自己没有责任。其实呢？这时候，不妨给他们讲讲下面这个故事：——

有种的你过来

一天，阿凡提找东西的时候，不小心碰翻了筛子。筛子里面放的东西掉下来，砸在阿凡提头上。阿凡提很生气，他抓起筛子狠狠地扔在地上。可是，筛子反弹起来，又打在了他的头上。他又飞起一脚，想把筛子踢开，结果却弄疼了脚尖。

阿凡提勃然大怒，冲进厨房，拿了菜刀冲出来，对着筛子大喊："你不就是一个筛子吗？有种的你过来，我跟你拼了！"

"哈哈哈，这就叫一个巴掌拍不响！"小东开心地笑了起来。

"来访者听了这个故事，通常也会觉得很好笑。"金子说，"笑过之后，就会开始反思，自己是不是有点像故事中的阿凡提呢？"

7. 心理咨询的效果

"我感兴趣的是，心理咨询到底有多少效果？心理咨询如何产生效果？心理咨询的效果怎么样衡量？"小东一口气提了三个他关心的问题。

"心理咨询能有多少效果,是许多刚接触咨询的人最关心的问题!事实上,只要是真正意义上的心理咨询,在咨询的开始阶段来访者就会感到有所收获,体认到咨询的效果。"金子喝了一口菊花茶,欣然说道,"要全面讲解咨询的效果,我还是先来回答你的第二个问题——心理咨询如何产生效果!"

通常,心理咨询出现显著效果,需要经过一段"疗程",而不是仅依靠一两次咨询。心理咨询能否出现显著效果取决于以下三方面要素:
1. 咨询师的经验和专业水准。
2. 来访者主动求助的强烈愿望和对咨询的投入程度。
3. 来访者问题的性质和严重程度。心态不良的来访者与已经形成心理障碍及疾病的来访者相比,在咨询的"难度"与"疗程"长短两方面都存在很大差异。

到这里,需要提一下,心理咨询与心理治疗是两个相互联系又有所区别的概念。广义上讲,心理咨询和心理治疗可以认为是同义词。但有的时候,咨询师根据来访者问题的性质和程度,分别使用这两种称呼:心理咨询专指针对心理健康者的发展性咨询和不良心态的调整。而心理治疗则专指针对心理障碍和心理疾病的治疗和矫正。即便是这时,两者也只有工作程度的不同,没有本质的区别。

"你之前讲的一直是广义上的心理咨询!"小东回应道。
"对!"

不同学派的咨询师判断咨询效果有他们各自的侧重,例如,精神分析学派的咨询师以来访者是否达到关键的领悟为标准，行为学派的咨询师则首重来访者是否发生了可衡量的行为改变。然而，近年来研究发现，与学派的主观认识不同——咨询中真正起到效果的是一些共通的"疗效因子"。

这些"疗效因子"与我们之前谈到的咨询的目标密切相关。前面提到，不同问题等级的来访者有不同的咨询目标。对于心理健康或心态不良的来访者，他们关心的是通过咨询，增进自我了解、实现正向改变和提高生活质量！对于心理障碍和心理疾病程度的来访者来说，他们关心的首先是消除心理不适和心理症状。

然而，不论心理障碍的表现如何，其症状背后的心理原因常常是共通的，咨询中我们不能将注意力过分集中在症状本身上，尽管心理障碍的来访者常常不愿面对自己真正的心理压力，更不愿承认在问题的解决中自己应负的责任，只希望尽量将症状描述清楚后让咨询师予以解决，这时，咨询师要适当地把握咨询的方向，让来访者的注意力逐渐转移到其症状背后的原因上，共同分析、探讨如何面对压力，解决心理冲突，将咨询引向深入。所以说，消除心理症状也好，实现自我潜力也好，都离不开增进自我了解和实现正向改变等共同的"疗效因子"，心理咨询效果事实上正是通过咨询师和来访者在这些方面的努力而达成的：

例如，一位32岁的男性来访者，长期情绪低落。在第一次咨询时，他说起自己人际关系不错，但表情很不愉快，咨询师发现了这一矛盾，细致沟通后，发现他在与人交往时总是一味取悦和迎合对方，表面亲切，实质并不亲近。他说，大部分人都认为他是个友好的人，其实这只是他戴的一个"面具"。事实上他的内心非常怯弱，缺乏自信和自尊，害怕受到来自他人的批评、否定和排斥。于是，咨询师协助这位来访者接纳自我,重新肯定自我价值,并在人际关系中积极实践,勇于表达自己意见,并吸收来自他人的反馈……

数次咨询后,这位来访者的抑郁情绪奇迹般地消除了。这正是因为咨询师贯彻了以下这些共通的疗效因子:

一、增进自我了解

改变的第一步是觉察。来访者在心理咨询师的协助下,深入了解所困扰的问题与自我的关系。对自己的心理状况,个性特质,价值体系,以及人际关系等有了更深入的了解、领悟与统整。

二、实现正向改变

有情绪困扰与行为问题的来访者,可以通过心理咨询师的协助来改善不适应的行为,从事新的有效行为,降低负面情绪,提升生活乐趣与生活效率。

三、协助来访者重新肯定自我价值

人需要在人际关系的互动中学习建立自我概念与保持成长,通过心理咨询师的接纳、尊重和理解,咨询师与来访者建立起深刻亲密的人际互动,来访者得以在良好的咨询关系中成长,随着咨询的进展,不断增进自我了解,实现正向改变,最终加强自尊自信,提升自我效能感和自我价值感。针对心理障碍的来访者,提供来访者一个健康的人际经验,能帮助来访者修正从先前适应不良的人际关系中所衍生的障碍行为,提升自我概念与人格成长,最终改善来访者的身心症状。

四、提供来访者自我超越的实验室和学习榜样

咨询师最主要的功能之一,就是不仅提供来访者一个接纳的、支持的与信任的治疗关系,而且通过咨询师自身的

不断成长，提供自己成为来访者的学习榜样。最终鼓励来访者在咨询关系与生活情境中，勇于自我超越，不断学习和实践，超越自己原来的观点与行为方式。

"你的意思是不是说，只要达到了这些疗效因子，咨询就一定有效？"

"通常就是这样！"金子点点头，"现在回答你的第三个问题，咨询效果如何衡量。"

咨询效果的全面衡量，既要依据来访者自己的叙述、判断；也要根据来访者身边的人和咨询师本人的观察和判断。此外，也可以借助心理测量等手段。效果的判断要考虑很多方面，包括症状、心理状态、行为方式、适应机制、人格成熟等，需要综合起来看。

一个比较典型的咨询"疗程"，效果由浅入深。初期效果表现为情绪等自觉状态的改善，中期效果表现为行为层面的进步，长期效果表现为人格趋于成熟。

从来访者的角度来看，如果初期情绪改善明显，或是每次咨询都感到有收获，他会对咨询过程和咨询师产生信任，几次、几十次地接受咨询，直到达成中期、长期效果。

"好了，"金子喝了一口菊花茶，最后总结道，"衡量咨询效果，常常主要依靠来访者的自述和咨询师的经验判断。但复杂的是，来访者在接受咨询期间，还在接受其他人际关系和生活际遇的影响。因此，严谨地来看，心理咨询的实际效果与其他各种社会生活因素的影响，很难绝然分开。来访者进步显著，可能有咨询以外的因素的功劳，进步不显著，也可能是有咨询以外的因素的阻挠。所以，这也就是我为什么最后才回答你的第一个问题的原因。"

小东笑了："怕我挑你毛病？我可是诚恳求教呢！因为我一直想弄明白——心理咨询的精髓何在。"

小茶点 如何建立心理平衡

亲爱的朋友，当你为了种种缘故，心情烦乱，失去往日的平和心态之时，不如先喝上一口菊花茶，再来瞧瞧下面这些小茶点以前有没有尝过：

1. 不对自己过分苛求
2. 不对他人过高期望
3. 疏导愤怒情绪
4. 偶尔亦要屈服
5. 找人倾诉烦恼
6. 为别人做点事
7. 一段时间做好一件事
8. 对人表达善意
9. 娱乐身心

第三章 心理咨询的精髓是什么？

"小东，还记得你喜欢的罗曼·罗兰的那句名言吗？"

"哪一句？"

"要散布阳光到别人心里，先得自己心里有阳光。"

"我当然记得！"小东得意道。

"其实，心理咨询的精髓就藏在这句话里。"

"啊？！"

"请听菊花心语第五条：心理咨询的精髓，就是心理咨询关系。"

1. 什么是心理咨询关系？

心理咨询关系就是咨询师与来访者之间的人际关系。有效咨询的基本条件，就是咨询师必须与来访者有良好的咨询关系。所谓良好的咨询关系，是指咨询师以真诚、尊重、理解、关心与支持的态度，让来访者觉得被了解、重视、关心，感觉到内心温暖。继而信任咨询师，愿意开放自己的经验，与咨询师一起深入探索自己的问题。

"不错，不错。"小东说。

"什么地方不错？"

"听起来很不错！"

"听起来不错，做起来可不容易呢！"金子感叹道，"咨询师的水平高低，很大程度上是看能否建立适当的咨询关系。"

"适当的咨询关系？"

"嗯！还记得我从前说过的那个比喻吗？心理咨询的独特性在于人际关系的近乎绝对真诚，心理咨询室像一座象牙塔，'塔'内纯净祥和的氛围由来访者和咨询师共同营造。来访者固然带着诚意而来，但心理咨询师的水平、为人和言谈举止对于来访者能否继续打开心扉有很大影响，有的时候，咨询师还要根据来访者的期待调整自己的风格，例如更温和或是更果断。这一切，都是为了最终达成彼此间的高度默契和信任。"

不仅如此，来访者如何与咨询师建立相互关系，是咨询师理解来访者现有心理问题的一把钥匙；反过来，咨询师如何与来访者建立关系，是他能否有效地创造治疗性变化的一大关键。

菊花心语第六条：咨询师灵活地将自己变成咨询人际关系系统中促进来访者建设性改变的催化剂，与来访者建立适当的咨询关系，既是一门科学也是一门艺术。

"金子！我想起来了，我最早问你心理咨询是什么的时候，你就跟我说——心理咨询，是一门科学，也是一门艺术！"

"没错呀！心理咨询这门科学和艺术的精髓，就是心理咨询关系！"

心理咨询关系作为咨询过程展开的舞台和基础，不同于日常人际关系。咨询师对来访者的"良好态度"不仅是出于助人的良好愿望，更不仅仅是社交礼貌，而是超越以上两者，具有专业上的意义。

"专业上的意义？"

"是的，这是——一个传递阳光的过程。"

"请问：你说的阳光指什么？如何来传递它？"小东追问道。

"阳光，常常用来比喻爱，这里也是指广义的'爱'。**请听菊花心语第七条：广义的'爱'，就是对自己、对他人、对世界的一种强烈的肯定感和息息相通的联结感！**就像阳光一样，这样的爱，是一种巨大的能量；带给人间幸福与温暖！"金子说完站起身，往绿陶杯和小东的水杯中添上热水。

"你说得不错！"小东由衷地说道，"不过，如何传递呢，好象挺玄的。"

"难者不会，会者不难！"金子调皮地一笑，"你忘了？！要散布阳光到别人心里，先得自己心里有阳光！"

……

"怎么不说话啦？"

"我讨厌你——卖关子！"

2. 如何成为心理咨询师?

"瞧你急的,好好好,就算我卖关子吧!"金子捧起绿陶杯,微微一笑道,"符合逻辑地来讲,我不得先告诉你,咨询师心里的阳光是怎么来的,然后才是咨询师如何传递它嘛?!"

"也好!"小东又高兴起来,"咨询师心里的阳光是天生就有的吗?"

"问得好!"金子热情地回应道,"咨询师如何培养和自我培养,这是了解心理咨询师最根本性的问题。很多人想找能帮到自己的咨询师,但不知如何来了解咨询师的素质和能力,只能根据职称、学历等外在标准来选择,以为职称、学历越高,咨询水平越高,咨询效果越好。其实不然!相对于职称和学历来说,咨询师的从业年限和咨询经验倒是一个更可靠的标准。"

我国自 2001 年 8 月开始试行国家劳动和社会保障部制定的《心理咨询师国家职业标准》。该标准将"心理咨询师"定义为"运用心理学以及相关学科的专业知识,遵循心理学原则,通过心理咨询技术与方法,帮助求助者解除心理问题的专业人员"。

咨询师共设三个级别,分别为助理心理咨询师、心理咨询师和高级心理咨询师。要求咨询师具有很强的观察、理解、学习能力;思维判断能力;表达能力;人际沟通能力和较好的自我控制、自我心理平衡能力和交往控制能力等。

各级别的鉴定都包括理论知识考试和实际能力考核两项内容。咨询师所要掌握的心理学基础知识包括七个方面:普通心理学、社会心理学、发展心理学、心理健康与心理障碍、心理测验学、咨询心理学以及与心理咨询相关的法律知识。

"你的意思是,合格的咨询师一定要通过职业资格鉴定?"

"眼下还不一定!"金子回答。

"这几年通过职业资格鉴定的绝大多数都是咨询新人。有不少早年在大学或医院从事心理咨询工作的资深咨询师还无法参加适当的鉴定,因为高级心理咨询师鉴定办法还未出台,目前他们中有不少正在担任心理咨询师的考官和培训师。"金子补充道,"在给这些咨询新人作考前培训时,我发现,约有半数学员个人素质不错,适合培养成心理咨询师。不足之处是缺乏咨询经验,并且心理学基础不够扎实,对于真正有志于成为心理咨询师的学员,通过职业资格考试还仅仅是一个开始。"

心理学本身是一门不断发展的科学,而咨询心理学更是一门融科学与艺术于一体的应用性学科。要成为一名合格的心理咨询师,需要全面的知识积累,必须经过基础心理学、发展心理学、人格心理学、社会心理学、心理咨询理论与技能、异常心理等理论课程的系统学习。而咨询师的助人技能更多的来自咨询经验积累,需要接待四五百小时以上的个案咨询,同时接受心理诊断与心理测验等技能的现场训练,才能具备较为熟练的助人技巧。包括怎样能在最短时间内收集来访者的有关情况,怎样适时机敏地提出问题,怎样发现来访者不自觉的掩饰和阻抗,怎样引导他们逐步认识内心深处的症结,怎样设计一些相应的方法来矫正某些不良行为等等。

"我注意到你刚才说——'对于真正有志于成为心理咨询师的学员……',难道还有不想当咨询师的咨询师学员?"小东突然问道。

"你听得很仔细嘛!"金子喝了一口菊花茶,"确实是这样,目前参加心理咨询师鉴定培训的学员只有不到一半是真正想当心理咨询师!对于他们中的大多数人来说,取得资格证书之后,需要有两三年的时间继续进修心理学并在咨询机构从事咨询实习,特别是要完成至少 300 小时以上的咨询实习,才能成为真正意义上的心理咨询师。而另一多半学员,是冲着多学习一些心理学知识和助人方法来的,希望以后能帮助自己、家人和朋友,或是对自己的工作,特别是管理和服务等直接与人打交道的工作有促进。"

"我明白了!"小东抢先总结道,"要培养一个合格的心理咨询师,首先需要好几百小时的咨询经验,然后是充分学习心理学知识,再就是比较好的个人素质!我说得对吗?对了,个人素质具体指什么?"

金子笑而不答:"我先给你讲个故事吧。"

海螺的故事

从前有个村庄,那里的人们从来没有听过吹海螺的声音。一天,一位擅长吹海螺的人来到这个村庄,他拿起海螺连吹了几下,然后将海螺放在地上,海螺发出的"呜——呜"声惊动了全村的男女老少,全村的人都过来观看,惊奇地相互问道"这么婉转、清越、动听的声音,是什么东西发出来的?!"

吹螺人指着地上的海螺说,"声音是它发出来的。"

一些村民连忙蹲在地上,抚摸海螺,连声说道:"你再发出声音，让我们仔细听听，好吗？"海螺却毫无动静。吹螺人当即把海螺拿在手上，连吹几声后，又放回地上……

这下，村民们才明白过来："刚才那婉转动听的声音，并不是单靠海螺的力量，而是用手、嘴和气几项配合才发出的声音啊！"

"你想要说明……"小东一头雾水。

"我想要说明——美好的才华，是由综合素质形成的！"金子喝了口菊花茶，接下去说道，"就像故事中的那口吹气一样，就咨询师的综合素质来说，最关键的不是咨询小时数，也不是心理学理论知识，而是咨询师个人素质！其中，**咨询师个人素质包括：咨询师的才能、个性、态度和价值观。**"

优秀的个人素质是做好心理咨询工作的重要因素，是培养和选择咨询师的首要条件。可以总结为以下四个方面：

1. 自我认识、接纳和调控素质：咨询师要自信、自爱、自尊、自律、自强、自立，科学地自我评价，自我认识，自我接纳，不断取得心理平衡，提高心理承受能力，保持良好的心理状态。
2. 智力与能力素质：智力主要指思维。在观察、注意、想象和记忆的基础上发挥思维的核心作用。能力主要指创造力。咨询师需要具备较高的智力和创造力，在咨询过程中主要体现为高度的领悟力和影响力。
3. 非智力素质：动机需要、兴趣爱好、信念理想、气质性格、人生观、价值观、世界观等因素。咨询师合理的信念追求、积极向上的人生态度，以及咨询过程中的热情、耐心、真诚、认真等态度表现都非常重要。

4. 社会适应素质：咨询师应具备学习心理、责任心理、角色心理、事业心理；树立敬业意识、合作意识、现代意识和规范意识，以上这些都是有助于社会适应的心理素质。

"哇，咨询师的要求好高啊！"小东不由惊叹道。

"是呀，心理咨询行业对咨询师的个人素质要求确实非常高！"金子同意道，"咨询师常会成为来访者的学习榜样。要求来访者做到的，咨询师自己首先要做到。从这个意义上说，心理咨询这个职业要求咨询师尽可能地追求个人素质的完善。然而在现实生活中，人无完人。于是，咨询师就成了对学习进修和追求自我提高最为迫切和自觉的一个职业群体。"

在追求全面发展和保持良好心态的同时，**尤为重要的是咨询师的道德素质、反省能力和诚实品质**。此外，咨询师丰富的生活经验、广泛的专业外知识面，以及咨询师的镇静心态、个性灵活性、充沛的精力、人际交往中的快速反应能力和换位思考能力等个人特质对于最终能否成为优秀心理咨询师同样至关重要。

"咨询师的这些素质，在咨询中是怎么表现的呢？"

"如果为工作和生活中的咨询师画一幅像，应该就像这个样子——"

美国著名咨询心理学家伊根归纳了咨询师的十五项特质：

1. 积极面对自我的成长，这包括身体、智能、社会、情绪和精神各个层面，因为他知道自己将会被来访者当作榜样。
2. 注意身体健康，在生活和工作中能保持旺盛的精力。
3. 聪明，爱学习，不断扩展自己的知识面，让自己能更有效地帮助他人。
4. 具有良好的常识和社会生活能力，能理解他人的广泛需求并作出回应。
5. 关注来访者的整个人，用心聆听，能从来访者的观点和角度来了解对方。
6. 尊重来访者，不批判；相信来访者具有潜在的动力和资源可以帮助他自己尽力有效地生活。
7. 真挚诚恳，必要的时候，会同来访者分享个人经验。
8. 表达简洁而又具体。
9. 协助来访者对自己的经验、感受和行为进行统整。
10. 如对来访者有帮助，他会出于关心挑战来访者的盲点。
11. 除帮助来访者增进自我认识外，还会协助来访者改变行为。
12. 注重实效，明白整个咨询过程是要引导来访者作出建设性的行为改变。
13. 拥有自己的咨询模式和风格，并可以随机应变灵活运用。
14. 喜欢与人相处，不害怕进入人们的生命深处以及同人们一同去面对生活中的痛苦烦恼。不过，他帮助别人不是为了满足自己的需要，他很珍惜和尊重自己这一助人的权利。
15. 不会逃避自己人生中的问题，相反，他会去探讨并认识自己，不断前进。他懂得被人帮助是怎样一个过程，明白这个过程若不能为人提供帮助，就有可能会伤害到别人，因此他非常谨慎地工作。

"嘿！"小东突然大梦初醒般叫道，"说了老半天了，你一直都没有提到阳光两个字！"

"其实我一直在说呀！"金子手捧绿陶杯，温柔地一笑，"还记得我以前讲的广义上的心理健康吗？"

"记得！广义心理健康以作出良好的适应，充分发挥身心潜能，使一个人的心理处于最佳状态为目标。狭义心理健康则主要指预防心理障碍和心理疾病。"小东反应很快。

"对。事实上，心态越健康，内心里面阳光就越多！"金子解说道，"咨询师心里的阳光来自他们不断完善的个人素质，来自他们对自身心理健康的持续关注和一贯追求。而咨询师向来访者传递阳光的过程，则有赖于咨询师的心理学知识、助人技能与咨询师个人素质三者的共同作用！当然，最重要的还是个人素质，就像吹向海螺的那口气！"

"哦，原来这就是你讲的'阳光'和'传递阳光'，不错不错！还挺复杂的，难为你了，一两句话确实说不清楚。"小东谅解道。

"我还没说完呢！"金子补充道，"请听菊花心语第八条：心理咨询中健康心态和生命力的传递，一方面通过咨询师以'人格魅力'潜移默化感染来访者，或是来访者主动学习咨询师；另一方面通过咨询师凭借良好的咨询关系，融入来访者内心世界，协助来访者打通内系统（个人内心）与外系统（社会环境）的沟通渠道、调整对于自我与社会的情感、认知、态度和价值观，最终重建心理适应与平衡。"

3. 什么是心理咨询师伦理道德守则?

"金子,什么叫——"小东的目光被墙上的一篇海报文章吸引住了。

金子循着小东的目光看去,念出文章的标题:"《心理咨询师伦理道德守则》。"

我们前面提到过,心理咨询师要特别注意道德修养,具备高尚的职业道德,不能利用工作之便做出有损于来访者的事。除依靠心理咨询师自身通过诚实自省来确保职业道德之外,心理咨询起步较早的一些国家,往往通过立法和专业学术团体,对心理咨询师的行为作出明确规定,并严格执行,督促咨询师加强责任感,保护来访者利益。这样的规定就叫做《心理咨询师伦理道德守则》。

"哇,密密麻麻一大篇,我看都懒得看!"小东夸张地说道。

"嗯?你可不要小看它。"金子一下子变得有点严肃,"咨询师的职业道德水准对来访者和咨询关系的影响巨大!更何况,心理咨询作为一种特殊的人际关系,本身容易引起一些特殊的伦理道德争议。所以说,伦理守则不仅是在保护来访者,其实也是在保护着心理咨询师,保护着心理咨询行业!"

"原来如此。还挺严肃嘛!"小东轻轻点头。

《心理咨询师伦理道德守则》包括以下主要内容:

(1)价值中立

（2）知情选择

　　（3）隐私保密

　　（4）双重关系

　　（5）持续成长

　　（6）关于转介

（1）价值中立

在心理咨询过程中，咨询师要尊重来访者的价值观念、宗教信仰、政党观念、哲学思想、性取向、生活方式等。如果来访者主动提出讨论，咨询师应协助来访者澄清有关的困惑与问题，而不应主动推销，或强迫来访者接受自己的观点和价值观。如果咨询师无法尊重或接纳来访者的价值观、信仰、性取向等，咨询师要向来访者作适当的说明，进而协助转介来访者给适当的咨询师。

（2）知情选择

在正式提供心理咨询之前，咨询师有责任向来访者说明心理咨询的利弊得失与风险，包括治疗所需的时间和费用，可能的治疗方式与类别，以及治疗效果和副作用。咨询师不应向来访者作不实的承诺，也不可夸大治疗的效果，或隐藏治疗可能的副作用。咨询师应该给来访者充分询问问题的机会，并且给予适当的回答与解说。

（3）隐私保密

基于职业道德，心理咨询师会对与来访者的谈话内容严格保密，即心理咨询师未经来访者同意，不会将来访者的谈话内容告诉其他人。但是，心理咨询的专业保密也有例外，心理咨询师在例外的情形之下，为了保护来访者及公众的安全，通常无法继续保密，而必须通知有关机构与人员。心理咨询师有责任在咨询开始前，向来访者说明以下这些保密原则的例外情况：

1. 当来访者企图要自杀或伤害自己时，心理咨询师为了保护来访者的生命安全，只好通知家属或有关医疗急救人员。
2. 当来访者企图要伤害他人，或危害公共安全时，心理咨询师为了保护来访者免于犯罪，以及保护其他无辜的第三者免于受害，只好通知有关机构与无辜第三者。
3. 当来访者的行为涉及家庭暴力或儿童虐待时，心理咨询师依法为保护受害人，以及预防家庭暴力的继续发生，只好通知相关机构。

（4）双重关系

咨询师必须避免利用来访者满足自己的需要，例如向来访者借钱，利用来访者帮自己做事等。由于在接受咨询期间，来访者处于相对弱势与不稳定的状态，需要咨询师的保护和照顾，咨询师有义务不去利用来访者满足自己的需要。

为尽可能规避对来访者有意或无意中的利用，咨询师应避免与来访者形成双重或多重人际关系。在咨询期间，即使来访者有所要求，咨询师也应与来访者维持单纯的咨询关系，避免发展其他任何咨询关系以外的关系，包括与来访者一起出游、应酬，或与来访者合作做生意，或与来访者谈恋爱等，更不可以与来访者发生性关系。

另一方面，咨询师也要尽量避免咨询自己的亲朋好友等原来就和自己有咨询外社会关系的人。单纯的治疗关系有利于心理咨询的实施。咨询师与来访者的双重或多重关系，会干扰心理咨询的进行，使治疗效果大打折扣。如果与来访者形成双重关系不可避免，咨询师有责任事前告知来访者可能发生的消极影响，包括治疗效果减弱，两人相处变尴尬等。

"这么说，你不能当我的心理咨询师咯？"小东诧异地插话道。

"对呀！"金子轻松地答道，"我可以介绍其他我认识的咨询师给你！"

小东沉吟不语。

"别急，还有两条就说全了！"

（5）持续成长

咨询师有义务持续关注自身的个人成长与专业进步。一位成熟的心理咨询师会树立终身学习的观念，不断参加各类学习和培训，不断接受在职培训和专业督导，不断提高自己的心理咨询水平。

与此同时，咨询师要加强自我了解，知道自己的长处和局限。在面对来访者时做到量力而为。例如，在遇到比较具有挑战性的来访者，或来访者的问题比较严重时，咨询师应设法查资料，询问有关专家，必要时，寻求进一步的训练或专业督导。而资历尚浅的咨询师在督导的协助下，也可以咨询一些比较有挑战性的来访者，这样做一方面有助于咨询师的成长，也符合专业伦理的要求。

（6）关于转介

有时候，因为种种原因咨询师无法有效帮助来访者，例如与来访者价值观念冲突，来访者的问题不属于自己的专长等，咨询师可将来访者转介绍给更能够帮助他的咨询师，这叫作转介。转介需征得来访者谅解和同意。在心理咨询界，咨询师之间适当转介来访者是正常的，是有利于来访者的行为，在这种情况下继续提供无效帮助反而不符合职业伦理道德。

金子喝了一口菊花茶，补充道："就像谈恋爱一样，**每个咨询师都有他最适合帮助的来访者**。来访者在选择咨询师，咨询师也在选择来访者，咨询师也有他的局限性。当然，**咨询师的技术越成熟，经验越丰富，适合他的来访者范围就越大**。"

"谈恋爱需要找到感觉喔！"小东引申开去说道。

"对呀，理想的咨询就像谈恋爱，要双方都找到感觉，在同一频率共鸣，影响才会真正发生！"金子赞同道，"当然在这种双方调谐的过程中，咨询师的主动性比较大，适应弹性也更大。但咨询师也有个性上的盲点，也还需要继续成长，如果一个咨询师非常适合你，那是一种机缘；如果他难以容纳你或你无法接受他，不一定是谁的错，也许只是两个人的风格差异过大，不容易谐调，找不到感觉喽！"

小茶点　如何识别优秀的心理咨询师

亲爱的朋友，当你决定尝试当一回来访者，非常想找一位优秀的心理咨询师时，请先喝一口菊花茶，再带上几块下面的小茶点：

综合西方心理咨询界研究，优秀的心理咨询师通常具备以下特质：

1. 对自己、来访者和心理咨询的效果有信心；
2. 态度积极；

3. 凡事不轻易下论断；
4. 能够容忍模糊不清的事物和局面；
5. 仁爱，富有同情心；
6. 具高度创见，精力充沛；
7. 男性咨询师比一般男性更敏感；
8. 女性咨询师比一般女性更自信和有冒险精神。

第四章 心理咨询的前奏

"金子,"小东突然问道,"我记得你说过,心理咨询是在现代化、工业化的背景下诞生和迅速发展的,我记得没错吧?"

"嗯,你记性很好嘛!"金子鼓励道,"现代化、工业化的都市生活里,社会竞争激烈、人际关系复杂、社会支持弱化,生活在城市里的现代人体验着人与人、人与物之间的疏离,面临比以往更多的心理应激,由此造成比以往更多的心理不适应和心理问题。现代心理咨询正是诞生和发展在这样的时代背景之下……"

"既然是应运而生,心理咨询从诞生到深入人心恐怕也没隔几年吧!"小东随口说道。

"在它的发源地美国,心理咨询从诞生到深入人心,前后经历了四波运动,花了近三十年时间呢!"金子认真地回答道。

1. 心理咨询源于何处

现代心理咨询首先发端于美国 20 世纪初的职业指导运动（Guidence Movement）。19 世纪末，美国全面进入资本主义社会，在工业化、城市化进程中，社会产生巨大变革，社会分工也日益精细。年轻人从学校走向社会时面临就业和职业适应问题。20 世纪初，美国心理学家帕森斯组织成立了波士顿职业指导局，倡导同时考虑求职者个性特点和职业特点，帮助人们找到适合自己的职业，发挥个人潜能。1909 年，在帕森斯出版《选择职业》一书之后，他被人们公认为"职业指导运动之父"，后来更被认为是现代心理咨询先驱。

与此同时，1908 年，美国人比尔斯《一颗找回自我的心》出版，书中描写了比尔斯患精神病住院期间的遭遇，该书引起了美国社会的普遍关注，人们对心理健康问题和心理健康教育日益重视。1909 年，美国心理卫生委员会成立，催生现代心理咨询的第二波运动——心理卫生运动正式开始。

催生心理咨询的第三波运动是 1905 年法国心理学家比纳（Binet）等创立智力测验之后兴起的心理测验运动。当时正值第一次世界大战爆发，心理测验被用于对征募来的士兵进行甄别和分类。于是在一战期间和之后，各国心理学家研究人与人之间个别差异的兴趣日益增强。对人的个性、兴趣、能力等方面进行心理测验，成为心理咨询实践的一个重要方面。

第四波是心理治疗运动，20 世纪三四十年代，美国社会的动荡给人们带来很多心理问题，心理咨询不仅在职业指导和学校辅导领域，而且开始在更广泛的社会生活领域里，服务于人们的心理适应和心理调节。1942 年美国心理学家卡尔·罗杰斯出版了《咨询与心理治疗》一书，质疑当时一些心理咨询师的直接指导、权威态度和家长作风以及对测验的依赖和滥用等；同时指出：一个没有医学背景的人也能从事心理咨询和心理治疗。罗杰斯这些以人为本的观点大大推动了心理咨询的深入人心。

此后，心理咨询专业不断完善组织建设，其专业性最终获得学界和社会各界承认。1951年，咨询心理学分会成为美国心理学会第17分会。1953年，咨询心理学分会规定了正式的心理咨询师培训标准，并成为博士培养计划的认定标准。1955年，美国心理学会开始正式颁发心理咨询师执照。

此后不久，在日本、欧洲、北美、澳大利亚等西方发达国家和前苏联等地区，心理咨询也都陆续得到积极开展，心理咨询师也被确立为社会职业。

金子一口气说完，停下来望着小东："现在，你对心理咨询的了解已经很不少了，你觉得它会帮助你吗？"

"啊?!"小东似乎感到很突然，他有点发愣，停了几秒钟后才说，"心理咨询在我国是挺新的东西，我觉得它应该能帮助很多人……"

2. 什么是心理评估？

两人沉默了一会儿。

"你怎么不说话啦？"小东忍不住先开口。

金子似乎在想什么事，没回应他，也忘了喝茶。

"你刚才讲到心理测验运动，我倒挺感兴趣的，现在网上各种心理测验很多，你怎么不花点时间好好研究研究，多编几个心理测验出来？"小东引出一个新话题。

"嗯，我其实花过很多时间研究心理测验，其中有些还是高度复杂的投射测验呢。"金子总算又开口了。

"哦，什么叫投射测验？快教教我！"小东松了一口气。

专业的心理评估是心理咨询的前奏。专业的心理评估方法包括：

图4-1 专业的心理评估

在心理咨询初始阶段，咨询师往往会通过谈话、观察和心理测验等方法，全面了解来访者的心理功能和状态，了解来访者的主要问题，作为制定咨询方案的参考。此外，在咨询的"疗程"中和结束时也常会进行心理评估。

心理测试是衡量人与人之间心理差异的科学工具，它通过来访者对一些描述性项目的反应，对来访者的心理特点进行量化。专业的心理测验，在研制期需投入大量的人力、财力和时间，它需要数以千计的前期试测者，通过对试测者回答的统计分析，建立测验的比较尺度，这样，在正式使用时，来访者的心理反应才能在人群中找到相应位置，据此判断正常和超常。

"现在网上很多心理测验，强调趣味性，科学性不强！"金子喝了一口菊花茶，公允地说，"咨询师在咨询等严肃场合是不会用这类没有比较尺度的测验作参考的。对那些感兴趣的朋友来说,这些测验倒是可以提供娱乐,还可以提供一些思考和看待生活的角度,但答案的准确性,对测试者自我了解的参考作用等都不太可靠!"

"那么咨询师常用的测验有哪些呢?"小东追问道。

咨询师常用的测验有:

表4-1 咨询师常用测验

评估来访者	测验类型	具体目标	效果	测验名称
个性特点	人格问卷测验	了解来访者个性特点;确定情绪和人格失调的地方	较好,缺点是来访者容易掩饰问题	16PF测验,YG测验,MMPI-II测验
现实概念	投射测验	确定来访者心理障碍程度和人格失调的地方	好,来访者难以掩饰,但咨询师需有相关培训和丰富经验	罗夏墨迹测验,TAT主题统觉测验,房树人测验
智力功能	智力测验	了解来访者智力;确定心理障碍是否有损来访者智力功能	好,咨询师需有相关培训	瑞文智力测验,韦克斯勒智力测验
情绪控制	投射测验	确定来访者情绪控制力和情感过敏之处(焦虑、敌意等)	好,来访者难以掩饰,但咨询师需有相关培训和丰富经验	罗夏墨迹测验,TAT主题统觉测验,房树人测验,语词联想测验
潜意识情结	投射测验	确定和发掘来访者内心压抑着的心理冲突	好,来访者难以掩饰,但咨询师需有相关培训和丰富经验	罗夏墨迹测验,TAT主题统觉测验,房树人测验,语词联想测验

"哇,总算讲到投射测验了!"小东兴奋道。

"你又好奇了吧。"金子微笑道,"其实,我给你做过投射测验的!"

"嗯?!"

"大概两个月前，我让你看两张卡通图，请你补充对白你记得吗？"

"好像有这回事，那天我为了工作上的事情生气，你问我怎么回事我正郁闷也懒得说。后来你就给我看了两张图让我补充对白，我以为是玩游戏呢觉得挺简单的，接着你又扯开去跟我说了点别人的事情，不过那些事倒对我蛮有参考性的，再后来我就不大生气了。"

"那两张图就是出自一个著名的投射测验——'逆境对话'测验！"

投射测验是一类特殊的心理测验，从测验材料上来看，它不像问卷测验那样，像一个正式的测验，结果也无所谓对错。因此有转移来访者注意力和心理防御的优点。在心理咨询过程中，除谈话法之外，咨询师最多采用的就是投射测验了，它可以帮助咨询师了解来访者的心理症结。

"你刚才拿的表格中的'人格'是指性格吗？"小东的思路又转回前面去了。

"你问了一个好问题！人格是我们心理学常用的一个术语，抱歉我刚才忘了先解说一下了。"金子喝了一口菊花茶，详细地讲解道，"人格这个词意义很多，比如我们常用来指道德伦理方面的素质。而心理学上讲的人格指一个人整体的精神面貌，是人们在适应环境过程中形成的独特的身心组织。包括动因（需要、动机、兴趣、爱好、情感、态度、气质、性格）和能力两大部分。人格通过人们的行为、对外界的情感和对自身的感受来说明。心理测验就是通过一个人在以上三方面的表现，进而推测一个人的内在人格。"

"这么说来，所有的心理测验都在反映人的整体精神面貌?"

"这倒没有！通常由几个测验组合成一个测试组共同测试。每个测验测人格的一部分，例如人格问卷测验，只测人格的动因部分；智力测验，只测能力部分，即便这样，它们通常也只能测到其中的一小部分。因为……"

"因为人的心灵有很多未知领域！"小东脱口而出。

"你说得对！"金子赞赏道，"此外，来访者在回答问卷测验时难免有意掩饰和无意偏离、高估或低估自己，造成测验结果不准确，无法反映内心的真实状况，所以需要用投射测验。投射测验的长处正是能帮助咨询师更真实、更深入地了解来访者的内心世界。"

"这么神？快给我做几个投射测验试试吧！"小东忍不住了。

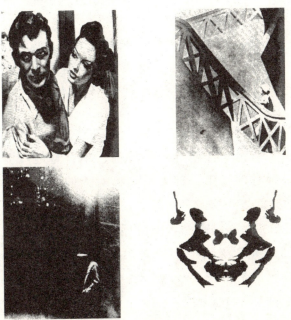

图 4-2 投射测验图板

"好，让你体验一下。"金子打开抽屉，从两叠图板中分别取出几张，放在小东面前，"从前三张图上你想到了什么，请分别编个故事。最后那张图板不用编故事，你看到什么，告诉我就行。"

……小东好长时间没说话。

"怎么啦？"这下轮到金子沉不住气先开口了，"就当是想象力游戏嘛。不用考虑太多，也不像作文那样要求高，你不是挺喜欢挑战自己的想象力吗？只要你感兴趣、觉得好玩，就一定能编出故事来。"

"不好玩，一点都不好玩！"小东气呼呼地说，"最后那张红色的让我一看就觉得不舒服，像一对夫妇在争夺孩子，你看，孩子的心都快被他们撕碎了。另外三张连起来看倒像一个故事，像……像我阿姨、姨父和表妹的故事。尽是些让人不愉快的情节。"

"哦？"金子心中暗暗吃惊，她放下手中的绿陶杯，略一沉吟后，转而调侃小东道，"不错不错，你能把三张图联想成一个故事，也算想象力丰富了！"

"投射"是一个心理学术语，指人们把自己的想法、态度、愿望、情绪、性格等人格特征，不自觉地反应于外界事物的一种心理作用，即人格结构对人们感知、组织及解释环境的方式发生影响的过程。

投射测验就是向来访者提供预先编制的一些意义模糊的图片、词语等刺激情境，让来访者在不受限制的情况下，自由地对刺激情境作出反应，然后分析来访者的反应，推断来访者的人格特征。

投射测验的特点是：测验材料没有明确的结构和固定的

意义，其结构和意义完全由来访者自己决定；来访者往往不知道测验的目的；可以同时测量来访者多个人格维度，并作出整体性分析。

根据来访者需要作出反应的方式，可将投射测验归为以下几类：

1. 联想法：语词联想测验、罗夏墨迹测验
2. 构造法：TAT 主题统觉测验、图片编故事测验
3. 完成法：句子完成测验、故事完成测验
4. 表露法：绘画测验，包括画人、画树、画房子、画风景测验

"你刚才给我看的是什么投射测验？"小东情绪平静下来，好奇地问道。

"最后那张有红颜色的图板是罗夏墨迹测验的，前三张则是 TAT 主题统觉测验的。"

罗夏墨迹测验，被心理学界称为"心理测验之王"，它是内容最丰富，评分最复杂，涵盖人格层面最广的投射测试，由 10 张内容不同的墨迹图板组成，测试时间来访者："你看这张图形像什么？"它由瑞士精神病学家罗夏创设，常用于心理障碍与精神疾病诊断。

TAT 主题统觉测验，由美国哈佛大学心理学家莫瑞和摩根于 1938 年创立。由 30 张图形具体但题意不明的黑白图片外加一张空白卡片组成。图片内容多为人物。测验的基本假定是：个人面对图片情境所编造的故事与其生活经验有密切关系。来访者会把个人的心理历程投射在故事之中，咨询师对其故事加以分析，便可了解个人心理的需求。

测试方法：请来访者根据所呈现图片自由联想编造故事。

1. 图中是什么情景？
2. 图中情景发生是什么原因？
3. 演变下去是什么结果？
4. 对此情景你有何感想？

"罗夏测验和 TAT 测验是心理咨询师最看重的两大王牌测验！"金子补充介绍道，"要用好投射测验很不容易，需要全心投入和专人指导，不仅如此，应用投射测验的水准与咨询师的咨询经验和心理学水平密不可分，很难孤立培养。"

3. 什么是心理咨询过程中的心理评估？

"来访者一来就给他做投射测验吗？"小东疑惑地问道。

"不是这样的！"金子赶紧答道，"心理咨询中，评估过程与咨询过程是融为一体的，心理咨询师主要通过观察和谈话收集信息，不一定使用心理测验。尤其不会第一、第二次面谈就使用测验。因为……"

"因为咨询师首先要打开来访者的心扉，取得来访者的信任！"小东抢先说道。

"说得对！"金子肯定道，"咨询一开始，咨询师首先要与来访者建立起温暖、安全、充满信任的咨询关系，同时了解来访者是怎么看待自己的问题的，来访者的主要问题是什么等关键信息。"

通过咨询中的观察和谈话，咨询师想了解以下信息：
1. 来访者当前问题的定性（不良心态、心理障碍、心理疾病）。
2. 当前问题出现的诱发因素是什么？
3. 来访者最想解决的是什么问题？
4. 来访者对自己的评价以及对接受咨询的态度。
5. 来访者所要求达到的"健康"目标是否现实？
6. 来访者现在陷入了什么困难？（来访者本人可能知道，也可能不太清楚）
7. 现阶段来访者陷入了什么状态的"内心冲突"？（这些来访者往往不太清楚）
8. 来访者身边的社会和家庭对他的心理困惑起着什么样的作用？（家庭和社会支持是否存在，以什么样的方式存在，社会和家庭支持的丧失是不是现在的真正问题？）
9. 来访者在生活中的人际交往能力、人际关系类型如何？
10. 来访者有哪些主要的人生经历？

"来访者的以上情况，咨询师在一次咨询里面未必收集得全。"金子补充道，"通常在第一次面谈中，咨询师很少直接提问，主要让来访者开放地谈自己的情况，咨询师则对来访者所讲的内容倾听、理解并作出反应。这样才能帮助来访者放松，并建立起双方的感情联系。但咨询师的注意力一方面在关注来访者的感受，另一方面也在收集信息，并且要在短时间内尽可能多地收集以上信息。这样做其实难度很高，需要咨询师具备熟练的咨询技巧，并对相关信息保持高度注意才能做到！"

在收集到以上信息之后，咨询师需要为下列问题找到答案：

1. 来访者是属于不良心态、心理障碍还是精神疾病？
2. 来访者适合接受哪种咨询方法？
3. 应建议来访者持续咨询多久，每两次咨询间隔多长时间？

如果一两次面谈之后，由于问题较复杂，或来访者表达能力欠缺等原因使咨询师无法得到明确的相关信息，难以制定咨询计划，这时，就需要采用人格问卷测验和投射测验来提供补充信息了！

"哇，"小东感叹道，"咨询师在谈话中要关注的方面还真不少！"

"是呀，"金子说道，"优秀咨询师要能够与他们的来访者建立一种情感的联系，然而，为了能更全面地了解并最终更有效地帮助来访者，还要对来访者的心理状态始终保持理性观察！"

"没想到咨询温柔的表象下面竟是如此理性、严谨！难怪有人看到咨询师会紧张，怕被咨询师看穿。"小东后怕地说道，"金子，是不是别人有什么毛病你一下子就看出来了？或者是在你眼里，每一个人都不正常？"

"哪里呀！即便在咨询中也不是这样的。因为，**咨询师要了解的是来访者整个人，而不仅仅是他身上一些不适应的症状！**"

"还好还好，"小东半开玩笑地说道，"要不以后谁还敢和咨询师说话呀！"

"你敢吗？"金子追问道。

"我要考虑考虑。"小东认真地说。

第四章 心理咨询的前奏

小茶点 "逆境对话"自己测

亲爱的朋友,当你喝完菊花茶,吃完前面的小茶点,不妨再来体验一下,做一个投射小测验。

以下两张图是著名的"逆境对话测验"中的一部分。这个测验由心理学家 Rosenzweig 编制,专用以测量一个人对挫折和逆境的习惯反应。图中有两位人物,其中一人说了几句足以引起另一人生气或陷入挫折情境的话,请你扮演第二个人,根据他当时的感受,写下他即将回答的话。

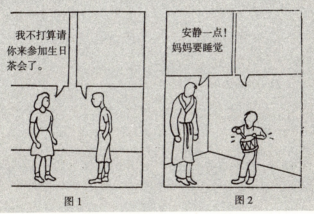

图1   图2

(作者注:以下文本框中内容请反向印刷)

亲爱的朋友,本测验根据挫折引起攻击行为的心理学理论编制。你在反应时,是将自己的想法投射到图片中受挫人物身上,"替"他回答,所以从回答的性质可以预测你在遭遇挫折时的反应倾向。

按挫折反应方式和攻击性两个纬度交叉来看,共有九种反应类型:

挫折反应方式 \ 攻击性	责人反应（攻击他人和外界,责怪别人。）	责己反应（攻击自己,归咎于自己。）	免责反应（逃避,设法避开所面临的问题。）

077

为自己辩护	图1:"你真不够朋友!我对你哪点不好了?" 图2:"真烦人!不是说好了现在是我练打鼓的时间嘛。"	图1:"都是我不好。惹你生气了。不过,我的出发点是为你好的。" 图2:"不好意思声音太响了。不过,我不知道妈妈在休息。"	图1:"喔,没关系。不过我挺想参加的。" 图2:"喔,我不知道妈妈要休息。"
强调困难所在	图1:"你说话不算数!我为了参加你的生日聚会,推掉了两个约会!" 图2:"你干嘛对我态度这么凶?我下午就要演出了,得抓紧时间练一会儿!"	图1:"都是我不好。惹你生气了。不过,我当时也没有别的办法呀。" 图2:"不好意思影响妈妈休息了,不过,下午就要演出了,我也没有别的地方可去练习呀。"	图1:"喔,没事儿。是不是人太多了坐不下?" 图2:"喔,我下午就要演出了,没有地方练习。"
提出解决问题途径,以克服障碍	图1:"你不能这样对待我!再考虑一下,请我参加吧!" 图2:"你怎么不为我考虑一下,我下午就要演出了?再练二十分钟不行吗?"	图1:"都是我不好,原谅我好吗?就让我参加你的生日聚会吧!" 图2:"对不起,影响妈妈休息了。我下午就要演出了,能不能让我再练会儿?"	图1:"没关系。不过我挺想参加的,你能再多加一个人吗?" 图2:"喔,我下午就要演出了,能不能让我再练会儿?"

第二篇
东西方心理咨询

第五章 西方心理咨询与治疗流派

"金子,"小东不满地说,"最近你都在忙啥呀,都好几天没见你了,连个电话也不打。"

"我正在写篇论文,内容是对西方心理咨询与治疗流派的一些思考!"

"喔?说来听听。"小东好奇道。

1. 文化渊源

(1) 西方民俗与宗教心理治疗

"第一个问题,什么是心理咨询与治疗。"

"咦,这还用研究吗,心理咨询——是一种特殊的谈话关系,其中一方旨在帮助另一方。这还是你告诉我的呢!"小东颇为得意地说。

"嗯,你这么说也没错。"金子喝了口菊花茶,若有所思地接下去说道,"但是,你知道吗,广义上,人类历史上任何对心理、情绪或行为障碍有减缓或治疗作用的技术和措施，都是心理咨询和治疗！"

"你的意思是，只要有帮助和治疗效果，就是心理咨询与治疗？那朋友之间聊天也算？打针吃药也算？"小东疑惑的问。

"嗯，广义上都算！人的身心是一个整体，对心理问题的帮助，除了谈话疗法之外，还有艺术治疗等多种形式，精神医学使用的物理和药物治疗也很有独到之处。**在现代，心理咨询和治疗的实践中涉及法律和专业问题，通常由受过专业培训的心理咨询师来进行，并最终形成一门职业。**"金子肯定道，"心理咨询与治疗是一门完全来自于实践的学问，它的历史和人类的历史一样长！"

古老的心理治疗始于人类远古，各个时代都有它的"咨询师"。早在原始部落时代，酋长和部落长者就曾担任心理问题的指导者。此外，通过以类比等象征性思维为基础进行的语言交流活动，也是非常古老而有效的助人方法。古希腊神话、圣经故事、《一千零一夜》都是这样的例子。

古希腊时代，特别注重教育和开发人的潜能。柏拉图、亚里士多德、苏格拉底等学者都很强调人际关系、人与环境的相互作用以及它们对人的发展的影响。他们的学说，帮助当时的人们获得认识社会与自我的正确方向，堪称文明萌芽期的杰出西方"心理咨询师"。

到了中世纪，神学家取代学者和部落首领成为心理问题的权威。可惜的是，他们认为患心理疾病是被魔鬼附体，采用折磨心理疾病患病者的方法来驱"邪"。18世纪，文艺复兴时期之后，法国医生皮埃尔首先解除了戴在精神病人身体上的铁链和枷锁，给予他们人性化的对待。

至此，近现代心理咨询与治疗在西方出现萌芽。19世纪上半叶，欧洲流行由奥地利人麦斯默发明的"动物磁性疗法"。当时，成千上万病人因为相信麦斯默让他们握在手上的金属棒接通了身上的磁场，感到许多身心症状迅速缓解，因而对该疗法的神奇效果深信不疑。当时有法国和英国的医生通过亲自观摩、体验这种疗法，并对病人实施相似的操作，证明"动物磁性"这种概念实际上只是一种心理诱导的媒介，起到的是心理暗示作用。麦斯默的"动物磁性疗法"实质上是一种心理治疗——集体催眠。换句话说，并非"动物磁性"本身起了疗效，而是人们对"动物磁性"这个概念所抱有的信念，以及在此基础上形成的对施术者的崇拜、依恋，以及对"奇迹"的期待和人们之间的互相影响等，产生了身心方面的积极效果。

催眠术的发现，成为近现代心理咨询治疗的先导，并催生了著名的精神分析理论……

"哇，好神奇！酋长、柏拉图、魔鬼还有催眠术！"小东听得入迷。

"有趣吧，别急，还有关于圆梦的历史呢！"

圆梦的历史悠久，西方最著名的要数《圣经》中记载的内容了。《圣经》"旧约"和"新约"里多次提到上帝通过梦向人们说话。古埃及人认为神灵的威力是通过梦被人们感知的，获得和解释梦的能力很受珍视。《古兰经》里也到处可见对梦的描述，穆罕默德最初是在梦里得知自己使命的。此外著名的还有希腊阿特米多罗斯的《五本梦书》，以上这些西方古代的圆梦"宝典"都相信梦具有先知的魔力，是神灵的指示和警告，为梦蒙上了浓浓的神秘面纱。古代，析梦师也起着一些心理咨询的作用,然而,他们只是强调梦的预示作用,也就是"占梦"。

直到20世纪心理学家弗洛伊德的名著《梦的解析》出现,神秘化的圆梦才逐渐在西方失去权威。从弗洛伊德这本精神分析代表作中,人们开始懂得——梦只是某种个人信息的形式。例如,弗洛伊德认为,梦可以被解释成愿望的假性实现。例如,妈妈答应了给孩子买冰激凌,但因故未买,孩子失望之余,晚上可能会做梦梦见大吃特吃各种冰激凌,这是愿望在梦中的直接满足。还有一些欲望则是以间接的方式表现,特别是被压抑在潜意识中的性本能欲望……

"所以……"小东听得挺投入,"你怎么不说下去啦?"

"再说下去专业性可就强了。"

"你别故弄玄虚喔!一会儿说人人都有可能替别人做心理治疗,一会儿又强调起专业性来了!"

"行,那我说了你可别头痛。"金子打趣道,"现代的心理咨询师可没那么好当喔。越是严重的心理问题,越是需要专业的帮助。作为专业基本功,首先要了解心理障碍的分类!西方人拥有严谨的自然科学头脑,正是他们,为所有心理障碍和疾病作了详细的定义和分类。"

(2) 西方精神医学的精神障碍分类

DSM分类系统是目前西方最权威,引用最多的分类系统。DSM是美国精神病学会编制的《精神障碍诊断与统计手册》的英文缩写。在DSM序言中,对于精神障碍的定义是:"精神障碍是发生于某人身上明显的行为或心理症状群,伴有痛苦烦恼或功能不良(重要心理功能的缺损),或伴有明显较多的发生死亡、痛苦、功能不良或是丧失自由等有害后果的风险。而且，这种症状群不是对于某一事件的一种可期待的、文化背景所认可的正常反应。

　　这里所说的精神障碍，包括了我们前面所说的精神疾病和心理障碍两类情况。在精神病学中所要处理的疾病或症状，不是靠血液检查或X射线透视就可以找到证据下诊断的，更多的是靠患者的主诉内容来判断。随着不同的心理医生和相异的治疗经验，对同一个患者，可能出现不同的诊断结果。DSM这样的分类系统就是为了减少诊断误差，便于心理医生相互交流而被编制出来的。DSM分类系统的一大特点是在诊断时，从心理、社会和环境多角度进行综合评定。目前最新版本的DSM已是第四版，即DSM-IV。

　　DSM-IV中把心理障碍分为以下十六类：

　　初次诊断于婴儿期、儿童期或青春期的障碍(智能不足、多动症等)

　　谵妄、痴呆、失忆性障碍及其他认知障碍(认知能力或记忆消失或递减)

　　一种一般性医学状况造成的精神障碍(如由大脑受伤所引起的)

　　物质关联障碍(酒精或药物滥用等)

　　精神分裂及其他精神性障碍(深信自己是重要人物或常有幻听或幻视)

　　情感性障碍(不是指失恋哦！而是忧郁症等)

　　焦虑性障碍(恐惧症、强迫症、社交恐惧症等)

　　身体型障碍(总感觉身体不舒服，但看了好多医生就是找不出毛病)

人为障碍 (装病、故意伪装出来的身体或心理症状)

解离性障碍 (多重人格、忘记自己是谁怎么会来这里等)

性障碍及性别认同障碍 (性功能障碍、恋童癖或暴露狂等)

饮食性障碍 (厌食症、暴食症等)

睡眠障碍 (嗜睡症、梦游等)

其他未分类之冲动控制障碍 (盗窃癖、纵火狂、病态性赌博等)

适应性障碍 (受到压力源影响而造成的无法适应等)

人格障碍 (反社会型、偏执型、自恋型等)

"哇,果然不少,"小东说,"让我想起很多心理影片!"

"你呀,你要是曾经得过精神障碍,就不会这么轻松打趣了。"

"你怎么知道我没有得过精神障碍?!"

小茶点 焦虑抑郁自己查

亲爱的的朋友,你想了解自己的心情不快是否已达到心理障碍程度吗?不妨先请喝两口菊花茶,再来看看下面的自评标准。以下是五类常见心理障碍的简易自评标准,如果你或你身边的亲朋好友符合其中某一类的全部或大部分标准,可要记得提醒,来找专业的心理咨询师喔!

抑郁障碍:对于有下列症状:持续出现悲伤、焦虑或是忧郁的情绪;失眠;对事情失去兴趣与快乐的感受；常有罪恶感与自卑感；失去活力；记忆力衰退、注意力不集中；食欲改变（吃不下或是暴食）；动作状态改变（迟缓或是急促焦躁）；有自杀的意念或行为。

如果持续两周以上有很大可能是抑郁症的症状，需要借助专家的帮助。

焦虑障碍：对于有下列症状：

A. 对某些事件和活动（比如工作进度、学业成绩）过度担心。

B. 难以控制自己的担心。

C. 焦虑和担心与至少下面六个症状中的三个（或更多）相联系。

（1）坐立不安或者感到心悬在半空中

（2）容易疲劳

（3）难以集中注意力，心思一片空白

（4）易激惹

（5）肌肉紧张

（6）睡眠问题（入睡困难、睡眠不稳或不踏实）

D. 焦虑和躯体症状给社交、工作和其他方面造成了难以接受的困难。

如果以上症状在过去一个月中的大多数时间里出现，则有可能属于焦虑症的症状，需要接受心理治疗。

恐惧障碍：如果对某些特定的对象（比如：街道、广场、公共场所、高处或密室；需要与人交往的场合；针、剪、刀、笔尖等物体；对猫、狗、鼠、蛇等动物）产生强烈和不必要的恐惧，伴有回避行为。这说明你有些与常人不一样的恐怖症状，你可以通过心理咨询加以改善。

疑病障碍：如果对身体的某些不适有明显的担心，伴随焦虑不安；担心患上某些病毒引起的疾病：艾滋病、其他性病、禽流感、内脏器官疾病等，并通过医院检查不足以消除担心，同时伴随有睡眠障碍。那可能是一种称为疑病症的心理疾病，如果你去了两个以上的医院检查都无法放心，或许你可以选择接受心理治疗。

饮食障碍：有暴食、厌食其中一种或者两种交替发生，持续一个月以上，并对自己的饮食担心，无法胜任对自己饮食的控制，且影响到个人的情绪时，则有可能患上饮食障碍，需要寻找心理咨询师帮助。

2. 现代主流心理治疗

"如果有人有心理障碍，可他自己不能来咨询，他身边的亲友可以替他过来咨询吗？"小东突然问金子。

"可以啊，这叫间接咨询。"金子冲了一杯菊花茶，也帮小东倒了一杯温水。

"我想替我表妹咨询！"小东认真地说。随着小东的叙述，金子眼前出现了这样一幅场景：

甲3号房的门口又聚集了一群人，屋里传来阵阵争吵声，闻声赶来的街坊们或踮着脚尖，或贴着门缝，恨不得耳朵都伸进屋子里。

"张伟，我告诉你，就你这副德性，也只有我将就你！"

"到底谁将就谁,每次吵架,你都把八百年前的事翻出来,上次我同学在,你还口口声声说再也不会了,这才几天呀?"

"不会了,你看你干的好事,钱包都丢了多少次了,怎么骂也没记性,还是丢。赚钱不能赚,丢钱却一个顶俩,谁知道真丢假丢,还是丢给哪个相好的啦。"

"你他妈胡说八道,我愿意丢,我,我,我现在就去找个女人丢给她。"

"你给我回来……"女人的声音已经很沙哑了,但调子却异常歇斯底里。

呼地一声,"看什么看,没吵过架呀!"邻居们都装作若无其事的样子,但散开却出奇地快。随着夫妻两人的背影消失在胡同尽头,周遭也恢复了平静。

张伟丢三落四是出了名的,他和老婆吵架也成了这大院儿每周一次的大戏,既便偶尔也能心平气和地聊一下,但说着说着,又吵了起来。人家常说夫妻床头吵架床尾和,但似乎他们家只有床头没有床尾。

"你想咨询的是……?"金子问道。

"我表妹不明白,为什么她父母总是无休止地吵架,家里总是不得安宁,他们是不是心理有问题?"小东冲口而出,"还有,我表妹受到很大影响,小时候在学校读书时总是静不下心,一度成绩很差,而且她总是心情浮躁,缺乏自信,情绪低落,容易疲劳……有很多你刚才讲到的抑郁障碍和焦虑障碍的表现。"

"你表妹多大了?"

"比我小一岁。"

"你是说她从小到现在一直抑郁、焦虑、心情浮躁?"

"有时好一些,不过总体上很容易情绪不好!她算是什么心理障碍呢?"

"像这样间接做咨询很难下诊断,信息不足。"金子慎重地说道,"如果可以的话,还是请她本人过来吧!"

"她人在外地,不方便过来。"小东若有所思道,"要不,你先教会我——让我知道心理咨询师通常是怎么看待心理问题,又如何着手进行咨询和治疗的。"

"这可说来话长咯……"金子说道。

"教教我嘛!"小东开始撒娇了,"我真的想学嘛!学会了,就可以去开导我表妹了!"

"好吧,"金子喝了口菊花茶,答应了,"我教你!"

(1) 精神分析治疗

金子轻轻翻开桌上的一本外文书,书中有两张图片吸引了小东的注意,他好奇道:"这个抽雪茄的老头是谁?左边那座雪山是……?"

图 5-1 冰山图

图 5-2 弗洛伊德

"他就是弗洛伊德!左边那张不是雪山,是海上冰山,是弗洛伊德著名的冰山图。"金子解说道,"弗洛伊德从催眠术得到启发，认为人的内心既有人自己能察觉到的部分，称意识；又有自己察觉不到的部分，称无意识。弗洛伊德认为，就像海上冰山的主体部分存于水面之下一样，我们每个人个性的主体也存在于我们心理的无意识部分，无意识部分对我们行为的影响远远大于意识部分。这就是他的无意识理论。你看下面这张图——"

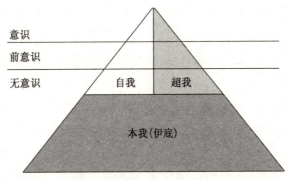

图 5-3　弗洛伊德人格理论图解

在这张图中，弗洛伊德以一种新的方式看待个性，认为个性由本我、自我和超我三部分结构组成。其中本我（伊底）是其中最原始的部分，完全处于无意识领域。自我和超我则部分处于无意识，部分处于前意识和意识领域。弗洛伊德认为，本我是新生儿与生俱来的初始心理系统，以追求快乐为原则。超我是人个性中的道德规范系统，来自于父母老师等成人的教育。自我则是协调本我与超我之间矛盾的个性系统，是幼儿在与环境接触过程中逐渐发展起来的，以现实性为原则。

弗洛伊德认为：本我中的生命本能（伊底）是我们心理发展的根本动力，在我们的个性结构中处于主导地位，自我是后天逐渐从本我中派生出来的，它没有自己的能量，靠本我来提供能量。对于本我与自我的关系，弗洛伊德比喻为：本我是马，自我是马车夫。马提供驱动力，马车夫指引方向。自我要驾驭本我，但本我不一定听话，如果本我不听话，双方就会僵持不下，直到一方屈服。

弗洛伊德重视人的动物本能，认为人的个性形成与本能满足的程度及方式直接有关。同时还认为，各种无意识冲突是心理病态的根本原因。因为，无节制追求快乐的本我必然会受到已内化为超我的社会道德规范和外界客观现实的制约，最终导致本我（伊底）、自我和超我之间的冲突。

此时，自我内部会出现种种防御机制来防止本能过度泛滥湮没自我，防御机制如果被过度使用就会形成心理症状。**心理症状是与本能有关的无意识冲突的产物。**因此，只要使无意识中的本能冲突大白于意识即可解除症状。精神分析治疗建筑在这一思想基础上，通过各种方法——如梦的解析、自由联想等方法去揭示来访者无意识深处的心理冲突。

1900年，弗洛伊德出版了他的名著《梦的解析》，在精神分析治疗中，心理咨询师像导师一样，阐释来访者的梦、阐释来访者心理症状中所蕴含的本能冲突，引导来访者发生领悟。

金子一口气说到这里，停下来喝了口菊花茶，看了眼沉默的小东："怎么啦，我是不是讲得太深了？"

"是有点深。"小东点点头，"什么叫前意识你没解释，防御机制也没解释。还有解梦，具体怎么个解法，我倒挺感兴趣的。"

"嗯。那我先讲什么是前意识和解梦，等下再详细讲防御机制。"

弗洛伊德认为，意识分成三个水平：意识、前意识和无意识。这三个层面是一个连续体，一个从人自己可以清晰觉察到自己完全不能觉察的连续体。

前意识介于意识和无意识之间，那里有许多思想和主意，在我们努力集中注意于它们时就会进入意识。而我们的原始冲动、本能欲望和创伤经验通常都处于无意识中，不能被自己察觉。

弗洛伊德认为：梦境、催眠状态下的回忆、日常生活中的口误笔误、艺术家和科学家的灵感与直觉等都是无意识存在的证据。他尤其强调解梦对了解来访者无意识心理的作用——所谓"梦是通向无意识的皇家大道"。

弗洛伊德假设，在梦中自我在前意识水平充当一位把门员，梦者所害怕并压抑在无意识中的感觉必须改头换面后才能进入前意识。梦中发生的一切不是代表它们本身，而是其他事物，每一种感觉都是其他感觉的象征（象征是一种把人人皆知的东西加以遮蔽的符号）。弗洛伊德认为，梦境是无意识的伪装和歪曲，性欲最常受到伪装，梦中与性有关的象征非常多：

"建筑物可以表示性器官。塔、高楼、柱子常用来象征男性生殖器，而可进入的房间、空洞则常用来象征女性生殖器。门、窗常常象征着身体的开口。而当一个人梦见钻过很窄的洞穴，其意义则再明确没有了，或是出生，或是性爱。当一个人梦见爬上爬下一面墙，这墙往往象征着人的身体，进门或进窗代表性爱。"金子具体解说道。

"是这样吗?!"小东一方面有些尴尬，一方面确实感到疑惑，"照这么说，岂不是梦中的一切都是性象征了。"

"是呀，弗洛伊德是有类似的想法。后人批评他是'泛性论'者，就是指他眼中所见，无一不是人类本能，尤其是性本能与现代文明之间的斗争。不过，弗洛伊德认为并非梦中所见都是性象征，需要仔细判别。例如，当建筑物作为性象征在梦中出现时，其中会有一些细节提醒你，如房间里有异性照片，或者另有其他更明显的性象征物存在等等。"金子详细解说道，"弗洛伊德认为，所有长的物体如木棍，树干和雨伞都可以代表男性性器官，那些长而锋利的武器如刀、匕首和矛也一样，此外，手枪也是性象征的一种，特别是当女性梦见有人持枪追她时。但如果是男人梦见手枪，有时代表性，有时只代表武器。"

此外，弗洛伊德认为，在梦中，当自我不能很好地发挥检查作用，焦虑感进入梦境时，结果就是噩梦，人们在梦中感到焦虑和害怕。在这种情况下，自我没能完成它的重要功能——用无害的方式削减无意识中的紧张以保护我们的睡眠。

精神分析学说认为：不仅梦境是无意识的伪装，心理症状也有这一特征，它们也是无意识的伪装和歪曲的表现。在弗洛伊德生活的维多利亚时代，人们的实际行为往往背离自己所鼓吹的性道德，由此产生的内心焦虑确实引发了很多人的"歇斯底里"神经症。正是在成功治疗这些"歇斯底里"神经症之后，弗洛伊德创立了他的精神分析理论。所以，后来有人批评弗洛伊德把适用于某些神经症的心理学理论，过度推广到了所有的心理症状上。

"喔，原来精神分析的解梦就是揭露性象征。"小东思考着说。

"这样说可不全面喔！弗洛伊德之后，有很多精神分析师在解梦时并不那么看重性象征。"金子补充道。

瑞士著名心理学家荣格是弗洛伊德的学生，他一生分析了八万个梦，被人们认为是古往今来最了不起的解梦专家。荣格不同意弗洛伊德梦分析对性本能的过分强调。荣格认为，梦的内容不一定隐藏或伪装了人目前的心理状况和本能冲突，梦主要是起揭示作用，梦会表达某个隐藏在现状中的问题，或是指出尚未被认识到的未来发展的可能性。荣格还认为，对梦的解答是灵活的，咨询师可以从对来访者产生启发的任一角度切入，不存在单一固定的正确解答。

荣格指出，梦境中的元素及形象可以看作梦者本身的个性成份。梦境提供了对梦者个性、恐惧与疑虑的认知。掌握梦的解释如同学习一门新的语言，一门有关人类无意识象征的语言。而破译每一个个体的梦，则又涉及对于无意识象征"方言"的了解，需要梦者本人积极参与，提供他目前生活状况与环境的信息，帮助解梦者获得与梦境相关联的提示。例如梦见自己身在学校，这样一个学习的环境，梦者需要联系自己的生活现况，描述自己在学校时的情况和自己对学校的感受，帮助解梦者确定梦中的学校对梦者而言，其真实和独特的心理意义为何。

"好了，解梦就先讲到这里。接下来讲防御机制。下面要讲的可是精神分析中非常精彩的内容喔！"金子停下来，喝了两口菊花茶，饶有兴味地讲开了，"**防御机制是人们为维护心理平衡，在无意识中进行的对现实状况的种种歪曲。**"

防御机制理论认为，人们在面临现实和想象中的威胁的时候，会产生焦虑。有三类不同的焦虑：现实焦虑、神经焦虑和道德焦虑。现实焦虑来自于现实世界的真实威胁。神经焦虑源自于本我冲动要释放的威胁,个体害怕自己会失控和陷入麻烦。道德焦虑则来自超我的影响,当个体做或想做某件违背他道德信条的事时,超我会制造出内疚和罪恶感。

有强大自我的人能够有效应付各类焦虑而不需启用防御机制,对于这样的人,焦虑是一种有用的信号,它表示某种需求存在而且要求相应行动。然而有强大自我的人只是少数,对于多数人来说,自我的力量不足以抵挡焦虑,在过度焦虑的压力下,自我被迫采取极端手段来解除压力,保护自我,这些手段就是防御机制。

应用防御机制是人们心理上的普遍倾向,我们每个人在生活中都会或多或少地应用某些防御机制,帮助自己减轻焦虑和在内心保持积极的自我形象。但防御机制不能过度使用,如长期过度使用防御机制,个体的心理功能会严重地受到影响,产生心理障碍,如果情况继续恶化建立更极端的防御,就进一步导致精神疾病。

"所以说,防御机制只是弗洛伊德提出的一种假设喽?"小东机敏地插话道。

"我明白你的意思,弗洛伊德精神分析学说最受人批判的就是这两点。一是过于强调性本能对心理发展的影响,二是所有的学说都是心理学家主观经验的总结,无法通过科学方法证明。不过,防御机制恰恰是一个例外!"

弗洛伊德的防御机制理论,是他三十多年心理治疗经验的总结,并由他女儿安娜·弗洛伊德继承并整理成书。不同于其他来自治疗经验的精神分析学说的是,心理学家在心理实验中找到了防御机制真实存在的证据。例如,20世纪90

年代有两个科学研究，分别为压抑（将引起强烈焦虑的东西从意识中引出并使之进入无意识）和反向作用（表现出同本我中真实欲望相反的行为）这两个防御机制找到了生理学和脑神经科学的证据。

"证实反向作用的那个实验是关于'同性恐怖'的——"

"同性恐怖？"小东还是第一次听说。

同性恐怖是某些异性恋者对同性恋现象不合理的恐惧、回避和偏见。精神分析学说认为，这类表现正是所谓"反向作用"防御机制在起作用。换句话说，这些同性恐怖者的内心其实正有着同性恋倾向，但他们的道德观念使他们无法正视这一点，为了抵御强大的道德焦虑，最终启用"反向作用"防御机制，将这种使他们产生焦虑的冲动和感觉用它的对立来代替，即将"我喜欢同性恋行为"替换成"我厌恶同性恋行为"。结果，这些人对同性恋者表现出夸大和强迫的憎恶，严重情况下还会用暴力去迫害同性恋者。

1996年，心理学家在实验中证实，这些强烈反对同性恋的人，在面对同性时其实有比一般人更高的性生理唤起反应。他们在意识层面并没有察觉这一点，在意识层面他们确实觉得自己非常反感同性恋。问题就出在他们的无意识心理层面，在这一层面，为保护心理平衡和自我形象，对现实进行了"反向"歪曲。

"哇，贼喊捉贼嘛！"小东调侃道。

"嗯，或者说是'此地无银三百两'！但当事人自己可不承认喔，因为在意识层面，他们确实不认为自己是'贼'。"金子解说道，"还有一个类似的防御机制，叫投射作用。反向作用是用行动坚决否认自己有非道德的心理企图。投射作用则是把自己内心的本能冲动嫁祸给他人，一口咬定他人有这样的企图。"

投射作用也是生活中常见的心理防御机制。即把自己无意识中的欲望看成是他人的行为。例如，一个人承认自己讨厌母亲可能是非常痛苦的事情，因而他把他不喜欢母亲一事投射到他母亲身上，认为："我母亲不喜欢我。"又比如说，一位妻子无意识中有外遇的冲动，她在意识层面可能并没有察觉自己有这样的本能冲动，但这种本能冲动从她的本我中悄悄地"爬出"，引发了她内心的焦虑。为了防止这种焦虑，妻子把她的本能冲动投射给她丈夫，变得非常容易妒忌并猜测他有不轨行为，即使没有证据支持她的猜测。

"这就叫以小人之心，度君子之腹！"小东又从传统文化中找到了联系。

"你很能举一反三嘛。"金子肯定道，"事实上，**心理学，正是源自于生活实践**。"

生活中的投射作用是很常见的。比如，一个人对同事有成见，反而到处散布说同事对他有成见。这些歪曲现实的思想和行为，往往经过了无意识加工，当事人并不了解自己这样做其实是通过指责别人来安抚自己，是把确实存在于本身的事推诿于外在世界。

美国一项心理学研究，体现了投射作用：研究人员请某大学生联谊会的每位成员评价其他成员的吝啬、固执、散漫等个性品质，同时也要对自己进行评价。结果发现，大家公认有这些不良品质且特别突出的那些学生，却根本没有意识到自己具有这些不良品质，他们反而更加多地评价别人具有这些负面特质。

日常生活中常见的防御机制还有：

1. 合理化

这是指个体的行为未达到所追求的目标，或不符合社会的价值标准时，为了减少心理挫折，保护自尊，以种种理由或借口来替自己辩护，这就是合理化的心理防御机制。这些理由和借口未必真实，而且在别人看来往往不合逻辑，但其本人却能以此说服自己，并感到心安理得。

"这个我知道，"小东插话道，"《伊索寓言》中的酸葡萄心理，对不对？"

"对！"

酸葡萄心理，是指个体在追求某一目标失败时，为了冲淡自己内心的不安，常将目标贬低，说其"不值得"追求，以此安慰自己。在日常生活中，这是常被使用的心理防御机制。达不到的目标便说是不喜欢或本来就没想达到等等。此外还有甜柠檬心理。不说自己得不到的东西好，却百般强调自己得到的东西的好处，借此减轻内心的失望与痛苦。这也是取自《伊索寓言》故事：有只狐狸原想找些可口的食物，但遍觅不着，只找到一只酸柠檬，本是不得已而为之，但它却说："这只柠檬是甜的，而且正是我想吃的。"

2. 认同

认同是对他人特点的接受。把别人的性格、态度和观念不自觉地吸收成为自己的，并在自己的行为举止中表现出来。例如儿童常常会认同自己父亲或母亲的个性特点。还有些人会表现出逝去亲人的特点，无意识地企图在自己身上使亲人重现。与其他防御机制一样，认同可使个体消除面对强大者时的威胁和不安，不用直接面对它们。认同还有一个积极面，它可以使社会公认的价值观念从上一代传到下一代。

3. 补偿

当人在某一方面有缺陷或不能达成目标时，转而选择其他活动和目标进行努力，借以弥补已丧失的自尊和自信。例如，有的学生主课不突出，副课却很优秀，或是培养出音乐、体育、美术等方面的突出才能。或是有些人生来有身体残疾，但身残志坚，发奋学习和工作，反而取得了超出一般人的成就，重建自信。

4. 升华

这是指把本能的心理能量投注于较高尚的、为社会所接受的目标。例如，过剩的性能量可以转化到艺术创造和学习工作中，创造出精神和物质财富，这样既利人，也利己。升华不仅使本能欲望得以宣泄、动机冲突和焦虑得以舒解，而且有助于人获得成功和增加自我修养。升华是所有心理防御机制中最积极向上的一种。

"咦，听起来，补偿和升华都挺不错的嘛，它们也是防御机制？"小东不解道。

"对呀，虽然多数防御机制对心理有消极影响。但也有几种较为积极，既能取得心理平衡，又不会因为歪曲现实而导致适应不良和心理病态，补偿和升华就是其中最积极的两种。"金子乐观地说道，"如果我们合理使用积极的心理防御机制，就有可能把本能转化成美德和教养！"

"美德与教养。"小东轻轻地复述道。

"怎么啦？"金子问。

"说起来容易,做起来难呀!"小东微微皱起眉头。

"哦,"金子喝了两口菊花茶,关心道,"刚才所讲的精神分析学说,对于理解你表妹家的问题,有帮助吗?"

"有!"小东应声答道,"我觉得防御机制这个说法对我,喔对我表妹会很有启发。因为我姨父虽然丢三落四,缺点很多,但他并没有外遇,但我阿姨却总是怀疑他有,并经常为此吵架。后来——"

"后来怎么样?"

"后来我表妹发现,其实我阿姨自己有婚外情!"小东忿忿地说,"这不就是'投射作用'吗?我表妹还以为她是假装吃醋,故意找茬吵架呢,所以觉得她这样做特虚伪,一直无法理解,也不能原谅她。还有,我表妹在家里与父母亲没话说,在外面却表现热情交了很多朋友,这算是'补偿'吗?她还努力把精力都放在学习、工作上,不受家里影响,那就是升华喽?可她觉得真的做起来很难。而且她心里同情爸爸,她的一些个性特点很像她爸爸,特别是丢三落四这一点,这不就是'认同'吗!"

"你学得真快!"金子有些惊讶,看了看小东,接着说道,"刚才我介绍的,是精神分析对心理问题成因的看法,接下来,向你介绍一下咨询师如何进行精神分析治疗——"

自由联想技术和梦分析技术在精神分析治疗中常被结合运用。来访者会被要求对梦中的某些内容进行自由联想,进一步揭示潜伏的心理内容。

当来访者自由联想或回忆梦或其他经历时,咨询师担任倾听者。来访者与咨询师间形成的咨询关系十分重要,前者对后者的高度信任感是精神分析顺利进行的前提条件。

在咨询过程中,当那些隐藏在无意识中的,令来访者焦虑回避的冲突或对一些不愉快往事的记忆即将被带入意识层面时，来访者通常会对下一步的咨询产生迟疑和抵抗，这在精神分析治疗中称为阻抗。通常的表现是来访者改变话题，跑题，或是推迟治疗时间。如果要使咨询向前进展，咨询师此时要同来访者探讨阻抗的问题，向他们解释这其中的非理性特质。

某种程度上，精神分析心理咨询是让来访者重新体验过去的生活，实现情感的回归。在这种回归中，来访者通常会依恋咨询师，在情感上把咨询师当成他过去生活中的重要他人，例如慈母或严父。这叫来访者对咨询师移情。对来访者的移情，咨询师需清醒觉察，并以有利于来访者的方式加以处理。

"那咨询师会不会对来访者移情呀？"小东机灵地问道。

"有可能呀。"金子回应道，"咨询师也是人，他们有可能对来访者产生一定的感情。咨询师对来访者移情叫作反移情。"

此外，精神分析治疗认为，有心理困扰的来访者，其自我概念通常较为模糊，自我价值感通常较为低落，这些和来访者早年的成长经验有关，在家庭功能不佳，亲子关系不良的环境中成长的人，由于缺乏良好的亲子关系，在面临人际压力与生活挫折的时候，比较容易缺乏自尊和自信。

"有道理。"小东喃喃自语道。

"有道理吧！"金子喝了两口菊花茶，进一步总结道，"不同心理治疗流派的咨询师对人的观察往往有一些既定的模式，或者说理论。这些理论的核心内容是对人性的基本判断。不同的理论对人性的判断有着相当大的差异。心理咨询有四大经典理论模式。精神分析模式是其中之一。另外三大经典模式分别是——行为模式、人本模式和认知行为模式。正是由这些不同的模式，衍生出不同的治疗流派。"

精神分析模式：

认为人性本恶。人的动物本能注定了人的自私。每个人都有病，人的精神世界就像一个硝烟弥漫的战场，本能的冲动、适应环境的愿望以及伦理道德的要求之间无时无刻不在拼斗厮杀，没有人逃得过这一定数。

行为模式：

认为人性本无所谓善恶。人受到环境塑造，所有正常或不正常的行为都是在环境中学习的产物。只有根据个体的外显行为才能判断其是否正常。奖励和惩罚是塑造行为的工具，心理咨询的根本任务就在于改变人的异常行为。

认知行为模式：

认为人性本无所谓善恶。心理问题源于错误的认识和思想，导致人们在生活中产生无效的反应。人们的思想过程被随意推断、过度推广等曲解所污染。对咨询的探讨非常强调一个人做"什么"，而不是他或她"为什么"做。

人本模式：

认为人性本善。人生来就会追求不断成长、进步和超越自我。人需要追寻生活的意义，需要对自己的成长方向负责。人的行为不是由过去经验决定，而是由人们自己在生活中所做出的选择决定。人需要充分察觉到自身或环境中发生的事情，才可能在现有的状况下进行自我调整。也就是说，首先认识自我，接纳自我，而非急于改变现状，才有可能发生真正的改变。

"听上去,精神分析模式最悲观,其他三种还算乐观!"小东一语中的。

"没错!"金子赞赏地看看小东,"比如,行为模式就很乐观。"

(2) 行为治疗

行为治疗源于行为模式。后者又称心理学的学习理论和行为主义心理学,认为人受环境塑造,所有正常或不正常的行为都是在环境中学习的产物。

1913 年,美国心理学家华生发表了《行为主义者眼中的心理学》,此后不久,行为模式开始风行于美国心理学界。作为精神分析模式的对立面,行为模式对于无法用实验证实的无意识不屑一顾,专注研究人的可观察的外显行为,强调外界刺激(stimulus)与可观察、可测量的外显行为反应(reaction)之间的关系,简称"S—R"模式。行为模式非常吸引当代的美国人,因为,**行为模式发现:可以通过科学地控制环境来塑造人们的行为。**

华生和斯金纳这两位著名的行为主义心理学家,分别发现了塑造行为的两大规律——经典条件反射和操作性条件反射。

"条件反射?"小东费解道。

"嗯,你可别小看这两条规律,它们可以解释很多现象,也是行为治疗矫正不适应行为的理论基础。"金子喝了口菊花茶,接着说道。

经典条件反射就是在新环境刺激与行为反应间建立神经联结。华生发现,人的行为也符合这一条件反射的规律。举个简单的例子，吃饭时看到食物我们会分泌唾液（这是一个非条件反射），如果每次吃饭时放一首肖邦的C小调夜曲（条件刺激），多次重复之后，在听这首夜曲和分泌唾液之间就会建立起联结，不论有没有食物在面前，只要一放这首夜曲，我们就会分泌唾液（条件反射）。

"喔？有这样的事？"小东很惊讶，"这么说，我表妹一回到她父母家就心情烦躁也是一种条件反射喽？因为她已经在烦躁和回家间建立联结了！"

"没错，行为模式就是这样看问题的。"金子点点头。

操作性条件反射是斯金纳在用鸽子做实验时发现，稍后推广到人类行为中，即——产生出积极后果的自发性行为往往倾向于再次出现。例如小宝宝呀呀学语，是一种自发性的行为。刚开始，他每次一开口就会引来大人的注意和鼓励，于是小宝宝会更起劲地开口讲话，过了一段时间，当他发音准确时会得到更多的亲吻和赞赏，于是准确的发音就更多地出现。这里大人对他的赞赏与注意，就是开口说话与发音准确的积极后果，于是这两种行为就会更频繁地出现，即得到强化。

"我想起来了，看海狮顶球时，驯兽员不断喂它们鱼，那就是在强化顶球行为喽？喔，强化不就是奖励吗！"小东灵敏地联系道。

"不错，在这里，鱼叫作强化物。"金子解说道，"不过，强化不等于奖励，强化物也不等于奖品。在日常生活中，人们常想用奖励来塑造行为，但不一定有效果。而受到强化的行为则一定是得到了加强，所以说，只有产生了预期效果的奖励才能被称作为强化！"

"哈哈，"小东突然联想到什么，笑出声来，"我知道了，为什么谈恋爱时男人嘴巴那么甜——全是被你们女孩子强化出来的！"

"这里面恐怕不仅有强化，还有社会学习吧！"金子微笑道。

"社会学习？"

1969年，美国心理学家班杜拉出版《行为矫正原理》，使"社会学习"这一概念得以广泛传播。班杜拉认为，学习并非完全像斯金纳所讲的那样必须通过直接的强化过程，人们通过间接观察别人的行为及其后果，可以学得更多更快。他认为，正是通过对榜样的观察和模仿，人们学习到各类行为并形成自己的性格，这就叫社会学习。

"咳，你说学样不就得了嘛！"小东悻悻地说。

从行为模式发展到行为治疗，始于1958年，南非精神病学家沃尔普出版《交互抑制心理治疗》，首创以经典条件反射原理解释焦虑障碍，并采用"系统脱敏"法治疗焦虑障碍。自此，行为治疗蓬勃发展。

行为治疗以经典条件反射和操作性条件反射为理论基础，认为环境中反复出现的刺激，包括人自己的行为所造成的结果，通过奖赏或惩罚的体验，分别"强化"或"弱化"某种行为。因此，治疗的任务是，设计新的学习情景，使合意的行为得以强化和塑型，使不合意的行为弱化和消退。

放松训练是行为治疗的常用技术，它训练人有意识地控制自身的心理生理活动、降低唤醒水平，从而改变机体的紊乱功能。放松训练认为，一个人的紧张反应包含情绪与躯体两部分，假如能改变躯体反应，情绪也会随着改变。至于躯体的反应，主要表现为身体各部分肌肉变得紧张僵硬，所以放松训练就是训练一个人，能随意地把自己的全身肌肉放松，以便随时保持心情轻松。

放松训练常和"系统脱敏"法结合使用，有时也单独使用，以对抗紧张焦虑，可治疗各种焦虑性神经症、恐怖症，且对各类身心疾病有较好的疗效。

"你表妹容易焦虑，可以让她学习一下放松训练。"金子语重心长地说，"现代社会，懂得放松很重要喔。"

心理学上有个著名的实验：选两只小猴，使这两只小猴在生理、体质方面尽可能相吻合。然后，把它们分别关在两只小笼子里。笼子底端有个特殊装置，一通电，就会电着小猴子。当然这种电流很微弱，不会弄伤它们，只会让它们觉得不太舒服。其中在乙猴的笼内装有一个开关，乙猴一碰这个开关就能切断电流。过了段时间，乙猴学会了这个条件反射，每当受到电击，它就跳起来切断电源，而甲猴笼内没有这种装置，所以，依然遭受电击。过了一段时间后，实验人员又给乙猴笼内安了只红色灯泡，每当红色灯泡亮几秒后就有电流通过来，没过多久，它又学会了这个新的条件反射。乙猴平时就时刻紧盯这只红色灯泡，一旦亮了，它就立马跳起来，关掉开关。而甲猴反而很悠闲，虽然时不时会被电一下子，当电流通过后，它就又开始玩它自己的。就这样，实验人员每隔一段时间就把这两只小猴子放进它们各自的笼子里遭受电击。半年之后，有只猴子死了，你猜是哪一只？

"甲猴!"

"不对，是乙猴！因为它成天生活在紧张焦虑中！"

当初甲乙猴同样健康，什么病也没有，经过尸体解剖，发现乙猴的胃大部分已经溃烂了！心理家们于是得出：长期处于紧张忧郁状态会使人的健康受到极大影响。所以，我们不妨经常放松自己的身心，别让无谓的忧郁、紧张，来影响我们脆弱的身心。

"你可别吓唬我！"小东后怕地说。
"我这是善意的提醒。"金子微笑道。

实践表明，心理生理层面的放松，大大有利于身心健康，甚至可以治疗身心疾病。除了行为治疗中的肌肉放松法之外，像我国的气功、印度的瑜珈、日本的坐禅、德国的自生训练、美国的超觉静坐等，都是既以放松为方法，又以放松为目的的自我控制训练。

金子停下来，喝口菊花茶，又往两人杯中续了热水，接下去说道，"除了要注意保持身心放松以外，行为模式对现代人还有不少启发和提醒。你听过下面这个小故事吗？"

孩子在为谁而玩

一群孩子在一位老人家门前嬉闹，叫声连天。几天过去，老人难以忍受。

于是，他出来给了每个孩子25美分，对他们说："你们让这儿变得很热闹，我觉得自己年轻了不少，这点钱表示谢意。"

孩子们很高兴，第二天仍然来了，一如既往地嬉闹。老人再出来，给了每个孩子 15 美分。他解释说，自己没有收入，只能少给一些。15 美分也还可以吧，孩子仍然兴高采烈地走了。

第三天，老人只给了每个孩子 5 美分。孩子们勃然大怒，"一天才 5 美分，知不知道我们多辛苦！"他们向老人发誓，他们再也不会为他玩了。

"他们上那老头的当啦！"小东兴奋地说道。

"这是一个关于我们行为动机的寓言。"金子思索着说道，"其实，我们现代人，或多或少都有些像这个故事中的孩子！"

"你是说……"小东愣了一下。

"心理学认为，人的动机分两种：内在动机和外在动机。内在动机出于对活动本身的欲望和兴趣，外在动机则是出于因活动所得的奖赏。如果按照内在动机去行动，我们就是自己的主人。如果驱使我们的是外在动机，我们就会被外在因素所左右，成为它的奴隶。如同行为模式所预计的那样，终日被环境中的种种强化物所控制。"金子解说道，"其实，**内在动机更有力量，更能让我们明白'我是谁'，让我们与自身不疏离**。在这个故事中，老人将孩子们的内在动机'为了快乐而自发性地玩'引诱转变成了外在动机'为得到美分而玩'，而他操纵着美分这个外部因素，所以也操纵了孩子们的行为。"

"哦！"小东听明白了，"故事中的老人，就像是生活中的领导、老师。而美分，就像是奖金、名气，还有考试成绩！"

"对！"金子接着说道，"而且，一旦被外部标准牵着鼻子走,我们的情绪很容易出现波动。因为,外部因素我们很难控制,如果它偏离我们的期望,我们就会牢骚满腹,感到痛苦,为了减少痛苦,我们就会降低期望,最常见的就是减少工作和学习的努力程度。"

"那我们怎么办?"小东认真问道。

"这里就是心理调节的用武之地啦!"金子喝了口菊花茶,接着说道,"请听**菊花心语第九条:在生活中,要与自身不疏离,就要化被动为积极主动,发掘并强化对事物的内在动机,不为环境中的名利所左右;明确自身的目标和方向,为自己喝彩,给自己奖励,让学习和工作变成'为自己而玩',带来乐趣和动力!**"

(3) 认知行为治疗

"你还记得我前面提到的班杜拉吗?"金子问。

"记得!就是提出那个什么'社会学习'的人。"小东没好气地说。

"对,正是从班杜拉开始,刺激和行为当中加上了认知作为中介!"

上世纪 60 年代发展起来的行为治疗强调外界刺激(stimulus)与人们的外显行为反应(reaction)间的关系,简称"S—R"模式。然而,班杜拉等行为模式心理学家注意到,人所具有的内在心理过程,特别是认知过程,在由外来刺激引起外显行为反应的过程中,起到重要中介作用,这就逐渐形成了一个新的心理学模式——认知行为模式,简称"S—O—R"模式。

认知行为模式关注的是 S 与 R 之间的 O，特别是 O 与 R 之间的关系，也就是认知与行为之间的关系。由它发展出来的认知行为治疗认为，适应不良的行为之所以形成并维持下来，与人们的错误认知有关。特别是一些非理性思维，如"双极思维、以偏概全、情绪推理、灾难化"等。

"等等，等等，"小东喊停了，"你说了一堆术语，什么认知、非理性、灾难化……到底是什么意思？我听不懂！也听不出和我表妹的问题有什么关系。"

"不好意思，我解释一下，认知的意思相当于思维。"金子歉意地补充道，"至于认知行为治疗对你所关心的问题会不会有启发，听完下面这个小故事你就明白了。"

阴影是条纸龙

祖父用纸给我做过一条长龙。长龙腹腔的空隙仅仅只能容纳几只蝗虫，投放进去，它们都在里面死了，无一幸免！

祖父说："蝗虫性子太躁，除了挣扎，它们没想过用嘴巴去咬破长龙，也不知道一直向前可以从另一端爬出来。因而，尽管它有铁钳般的嘴壳和锯齿一般的大腿，也无济于事。"

当祖父把几只同样大小的青虫从龙头放进去，然后关上龙头，奇迹出现了：仅仅几分钟，小青虫们就一一地从龙尾爬了出来。

命运一直藏匿在我们的思想里。许多人走不出人生各个不同阶段或大或小的阴影，并非因为他们天生的个人条件比别人要差多远，而是因为他们没有思想要将阴影纸龙咬破，也没有耐心慢慢地找准一个方向，一步步地向前，直到眼前出现新的洞天。

"你的意思是……"小东还是没明白。

"人生中,经常会有许多来自外部的打击,但这些打击究竟会对你产生怎样的影响,最终决定权在你手中。因为命运,就藏匿在我们的思想里!"金子亮闪闪的眼睛正对着小东。

"你是说,人们经常会用一些想法来作茧自缚。"小东听懂了。

"不仅作茧自缚,而且自我挫败,这就叫作非理性。"金子喝了两口菊花茶,接着说道,"古希腊哲人 Epoctetus 有句名言说得好——人们不是为事情本身而烦恼,而是为他们对这些事情的解释而烦恼!"

"你这么说,我倒有点感兴趣了。"小东喝了两口水,说道,"这些作茧自缚的想法是怎么来的?是天生的吗?"

"认知行为模式认为,人生来有理性的思考,也有非理性的、扭曲的思考。人既有快乐、爱、与别人沟通、成长与自我实现的倾向,也有自我挫败、逃避思考、因循守旧、完美主义和逃避成长的倾向。人的心理困扰是自己制造出来的,而非外因造成。另一方面,人也可以改变自己的认知、情绪和行为,从而解决自己的心理问题!"金子答道。

"那要怎么才能改变一个人的认知、情绪和行为?"小东追问道。

认知行为疗法认为,认知决定情绪与行为,认知问题解决了,情绪和行为问题也会随之得到解决。所以,聚焦在认知矫正上。广义上,认知方面的矫正包括以下三个层面:

(一)提供信息。来访者的困扰可能与对某些事物缺乏认识和了解有关,如能及时提供相应的信息和知识,可以给他们很大帮助。例如有些大一学生不了解大学的学习方法，刚进大学时很不适应这种自由度很大的学习，而产生一系列症状，如果他们来咨询，咨询师提供一些大学适用的学习方法给他们作为参考，会对他们很有帮助。

（二）问题解决。有时来访者缺乏解决问题的策略，需要咨询师给予指导。例如，面临一些两难选择时，常用的一个问题解决策略是采用平衡表法，在表中列出做某件事的好处有哪些、坏处有哪些，最好的结果、最差的结果分别是什么等。咨询师可以教来访者一些类似的问题解决策略，并与来访者一起来完成，引导来访者理智地作出选择。

（三）纠正非理性思维。这是认知行为治疗最核心的部分。人们往往会产生各种各样的错误认知。认知行为治疗家艾里斯的理性情绪 ABC 理论认为：事件 A 并不会直接导致情绪反应 C，人们对事件的评价 B 才是导致情绪反应 C 的更直接原因。正是那些作茧自缚和自我挫败的非理性思维，导致了我们的负面情绪和不适应行为。

图 5-4 理性情绪 ABC 理论图解

常见的非理性思维有：

(1) 双极思维：表现为注意事物的两极，忽略中间过渡状态。例如，不是好人，就是坏人。

(2) 以偏概全：通过一两件事得出一个全面结论。例如，毕业求职时一两次招聘面试对方态度比较草率，就认为所有的招聘面试都是走过场。

(3) 情绪推理：思维判断过于依赖情绪。例如，我心情不好，所以我的生活真是糟透了。

(4) 灾难化。把一件不利于自己的事看成非常可怕、不可收拾，是场灾难，并由此陷入极端焦虑、紧张等负面情绪中。例如，考试不及格，我彻底完了。

纠正非理性思维的方法有：

(1) 苏格拉底式对话。即采取步步诱导的方式，启发引导来访者发现和改正自己的错误认知。

(2) 向来访者提问：证据是什么？

(3) 以其他人为参照点。以与来访者有不同观念的人的生活经历说明来访者观点的错误。这个人可能是来访者认识的，或者不认识的，甚至就是咨询师本人。

(4) 阅历检验。与来访者一起探讨其信念如何起源，如何维系至今，包括对其在幼儿园、小学、中学、大学的经历，进行回顾检查，逐段纠正其不合理信念，特别是来访者的童年经历，因为这个时期来访者很幼稚，识别力低，容易对事物形成肤浅、刻板、绝对化的观念。这些不合理观念往往伴随来访者长大，是他心理问题的源头。

"怎么样？"金子关心道，"刚才说的那些对开导你表妹有帮助吗？"

"有。"小东有些闷闷不乐地说，"那几条非理性思维她好像都有。比如'不是好妈妈，就是坏妈妈'。'妈妈有外遇，说明妈妈根本不爱爸爸'。还有她爸妈曾经闹过一阵离婚，那段时间，真是灾难来临。哎，她怎么就这么想不开！"

"喔，没关系！"金子同情道，"正像认知行为治疗强调的那样，关键在于行动，不需追究原因。她可以拿出行动来，改变自己的想法！"

（4）当事人中心治疗

"金子，你刚才说有一派心理学理论相信人性本善？"小东突然想起了什么，问道。

"对。"金子喝了口菊花茶，笑道，"我正准备向你介绍呢，它就是——人本模式！"

人本模式强调人的向上本性，对人性持乐观态度。它认为人本身是健全的、有尊严的、有足够能力的，人具有自我成长的潜力和自我实现的需要，存在于此时此地并为实现其潜力而努力，出现心理问题是因为在自我实现的过程中遇到了某种障碍。

人本模式主要包括以下四方面观点：

1. 人的责任

人要对自己身上所发生的事情负责。人是自由的，在每一个特定时刻的行为，是每个人自己选择的结果。人有能力做他想做的任何事情，人是自己生活的主动构建者。心理失调的人不自由，他们的行为受到重重制约，并且经常感到压抑和不适，这是因为他们否定或扭曲了自己的内心体验。

2. 此时此地

我们只有按生活的本来面貌去生活，才能成为真正完善的人。我们只有充分地活在当下，活在此时此地，才能体验到自由和幸福。很多人花费过多时间反省过去和计划未来，在人本模式看来，其实没有太大意义。

3. 从现象学角度看个体

即强调个人的主观经验,每个人都有他对现实的独特认识。来访者的世界就是来访者眼中的世界,只有来访者自己最了解他的世界。

"既然来访者最了解自己,那他们还来找咨询师干嘛?"小东不解道。

"为了继续自我成长呀!"

4. 强调人的成长

人有一种成长与发展的天性,心理咨询与治疗应符合这种人类天性,咨询师应协助来访者,使他的内在能力与潜质得以发展。

"具体怎么个发展法?最后发展成什么样?"小东锲而不舍地问道。

美国著名人本模式心理学家马斯洛,提出需要层次理论,解释人的成长与发展天性:他认为,人有以下七种基本需要,按照从低级到高级的顺序依次为:

1. 生理需要:食物、水、性、排泄、睡眠等。
2. 安全需要:对稳定、秩序、安全感和可预见性的需要。
3. 归属和爱的需要:交往、亲昵、归属感。
4. 尊重需要:自我尊重、自信、自足、胜任感。
5. 认知需要:求知欲、理解周围的世界。
6. 审美需要:追求秩序、匀称、完整、结构和行为完满。
7. 自我实现的需要:追求最大限度发挥潜能,不断完善自己,实现自己的理想。

前四种需要直接同人的生存有关,统称为缺失需要。后三种需要较为高级,统称为成长需要。马斯洛认为,成长需要出现较迟,有些人直到中年才出现。但成长需要一旦出现,满足它们的愿望比起缺失需要来更强烈。

马斯洛对人的自我实现有不少精彩的阐述,他说:"自我实现就是:使潜能得以实现的倾向。这种倾向可以说是一个人越来越成为独特的那个人,成为他所能成为的一切。一位作曲家必须作曲,一位画家必须绘画,一位诗人必须写诗,否则他始终都无法安静。一个人能够做什么,他才能成为什么,他一定要忠于自己的本性。这一需要就可以称为自我实现的需要。"

要知道,马斯洛曾是一位出色的行为模式心理学家。在他第一个女儿出生后,他产生了一次神秘体验,后被他称为"高峰体验"。不久后,他又结识了两位被他认为具有非凡人格魅力的学者,后来被他当作研究"自我实现者"的范本。这两件事情的发生促使他对行为模式产生怀疑,并从此开始致力于研究人的成长和自我实现。

"有意思!什么样的神秘体验啊?还有,'自我实现者'是……?"小东好奇道。

"只可意会,不可言传也!"金子调皮地说道,"诚所谓,**胸怀海岳梦中飞,身在人间心向天**!总之,是精神的最佳境界,就像天堂般美好,你自己想象去吧!"

"讨厌,你又卖关子!"小东假装生气地叫道。

"马斯洛认为,**高峰体验,就是创造潜能的发挥或自我实现所给人带来的最高喜悦**。"金子继续解说道,"处于高峰体验中的人,往往感到自己正处于自身力量的顶峰,正在

最佳地、最充分地发挥自己的潜能。而且，常常会有一种强烈的一体感，与自我、与他人、与世界之间的一体感，处于一种浑然忘我的境界。"

自我实现者通常有如下特征：
1. 准确充分地认识现实；
2. 对人、自己、大自然表现出最大的认可；
3. 具有自然、朴实和纯真的美德；
4. 关注各种社会疑难问题，而不是关注自己；
5. 喜欢独处和自立；
6. 不受文化和环境的约束；
7. 对生活经验有永久不衰的欣赏力；
8. 经常感受到神秘和高峰体验；
9. 具有一种全人类的一体感；
10. 仅与少数人建立深厚久远的人际关系；
11. 易于接受民主的价值观；
12. 具有很强的伦理观念；
13. 具有发展良好非敌意的幽默感；
14. 富有创造性；
15. 有能力抵制对现存社会文化的消极适应。

"这简直是超人！"小东置疑道，"难道要通过咨询达到这样的境界？！"

"这确实是理想境界。"金子同意道，"不过，这些标准不是凭空设想出来的，而是马斯洛对大量人类历史上的优秀人物进行研究后总结出来的，包括研究名人传记和采访当代的有成就者。它为人的成长确立了标杆，指出了方向，是我们心理咨询协助来访者成长的最高目标！"

从人本模式发展到人本治疗，始于美国心理学家罗杰斯的当事人中心治疗，即来访者中心治疗。

"来访者"这个词，正是由罗杰斯首创使用。在此之前，接受咨询者被称为"病人"。罗杰斯反对"病人"这种带有贬义的、贴标签式的称呼，改用"来访者"这个中性词，强调了接受咨询者的主动参与，以及咨询师与接受咨询者之间地位平等。

罗杰斯认为，个人对自己的了解和看法就是自我，包括自我的本质（我是什么样的人）和机能（我能干什么）。自我概念具有四个特征：

1. 自我概念是对自己的知觉；
2. 自我概念是有组织的、连贯的、有联系的知觉模型；
3. 自我概念只能表征那些关于自己的经验。
4. 自我概念主要包括有意识或可以进入意识的内容，通常可以觉察。

罗杰斯认为，**心理问题的成因主要在于自我概念出了问题**。每个人的心中都有两个自我：现实自我和理想自我。后者是我们认为自己"应当"或"必须"成为的样子。罗杰斯发现，现实自我和理想自我的重合度愈大，人的心理就愈健康。反之，两者之间如果有巨大差距，人就会产生失落感，陷入痛苦之中。

"比如说……"小东提问道。

"比如说，一个人认为成为一个众人公认的成功者非常重要，而他认为自己目前还远远不够成功，他内心就会感到很痛苦。"金子举例道。

"成功当然重要了！谁不想成功，你不想吗？"小东瞪大了眼睛。

"成功这个词,有很多理解。最大的成功应该就是自我实现咯!我当然想。至于要达到什么众人公认的成功目标,那就完全是另一回事了。那样,其实是脱离了自己的体验,被他人的言行所左右,这可是一种自我疏离喔!"

在心理咨询过程中,罗杰斯采用非指导性策略:他以来访者为中心,把自己作为来访者一个平等的伙伴,不以心理专家自居,把主要责任交给来访者,相信来访者有能力解决自己的问题。他很少提问,不发指令、不做诊断、不提出需要矫正的问题,任何时候都由来访者确定讨论的主题。同时耐心倾听来访者,对来访者陈述中表达的情感予以理解和共鸣,促使来访者充分表达自己的思想和感情,最终体验到自我概念的不一致,然后发生改变。他关注的重点是来访者自我概念的整合和发展,一种在咨询师的"无为"和全然接纳态度下促成的成长和改变。

"那咨询师岂不是完全被动!"小东不解道。

"嗯,是被动。但这种被动中充满包容和支持,让来访者感受到温暖、信任和鼓励,最终起到了'助人自助'的作用!"金子提醒道。

罗杰斯曾说:"当一个为许多困难而苦恼的人来找我时,最有价值的办法是建立一个使他感到安全、自由的关系,理解他内在的感情、接受他本来的面目,制造一种自由的气氛,使他的思想、感情和存在沿着他要去的方向发展……"罗杰斯认为,为了使来访者不协调的自我得到改善,咨询师必须要创造出以下气氛:

1. 真诚（咨询师以真实的自我与来访者相处）；
2. 无条件积极关注（咨询师无条件地尊重、接纳来访者）；
3. 共情（咨询师能够理解来访者的思想和感情，对来访者感同身受）。

罗杰斯认为，有效的当事人中心咨询能达到以下效果：
1. 来访者从盲目采用别人的价值观转向肯定自己的价值观；
2. 来访者自我防御减少，意识更加清晰，对新的经验更加开放；
3. 来访者的自我概念更清楚、积极、协调；
4. 来访者对他人的评价向积极的方向转变；
5. 来访者的人格变得更加成熟和健全。

"怎么样，对你表妹会有些启发吧？"金子喝了两口菊花茶，关心道。

"嗯，对我挺有启发！"小东认真地说，"金子，替我泡杯菊花茶吧，看你喝得可真起劲。"

"好！"金子起身，帮小东泡了杯"千叶玉玲珑"，"现在天热起来了，喝杭白菊挺合适，既解渴，又提神！"

"哇，好烫！嗯，味道还不错。"小东还是第一次喝菊花茶。

"除了我刚才讲的四大流派，还有一些著名的心理疗法，估计也能对你有启发！首先是——"

（5）家庭系统治疗

家庭系统治疗，即把家庭全体成员当成一位"来访者"，一起接受心理咨询。具体操作是：家庭成员与咨询师坐在一起，每位成员轮流讲述家庭目前存在的问题。

家庭系统治疗认为，家庭是社会的功能单位，每位家庭成员的个性、价值观念和人际关系模式，既在家庭的熏陶下形成，又会在彼此之间产生正面和负面的相互影响。如果家庭功能不良，每位成员必然在某种程度上卷入家庭内纠纷，在不良的家庭关系中占据一角，从而导致不良的人际关系、情感或行为障碍。

家庭系统治疗认为，个体来访者的心理问题，只是问题的表面，来访者家庭本身才是真正的"患者"。家庭治疗的任务是使每位成员了解家庭中不协调的人际关系和情感结构，共同努力来改善和重整家庭功能。

二次世界大战以后，西方开始实践家庭系统治疗。1962年，《家庭过程》杂志创刊标志家庭系统治疗走向成熟。家庭系统治疗有很多流派，系统论是它们共同的理论基础：家庭被看作是组织结构化了的、有着一定行为范型的自适应和自调节系统，其内部充满了良性和不良的循环和反馈。家庭通过结构和规则的形成，控制成员间的相互交往来达到稳定状态。家庭系统治疗强调家庭成员间循环性的因果关系，而非只重视表现出明显心理症状的个人。

"什么叫循环性的因果关系？"小东问。

"就是家庭成员间的环状相互影响。"金子解说道，"比如，你说说看，你表妹家里三个人的相处情况是怎样的？"

小东说："是这样……"

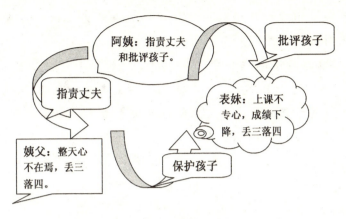

图 5-5 循环的因果关系图解

"喔,情况很典型嘛。"金子说道,"妻子批评女儿,丈夫保护女儿,让妻子不要对女儿那么严厉,女儿继续保持不良表现,妻子继续批评女儿……在这里出现了循环的因果关系。"

"喔,是这样吗?"小东惊讶道。

"不仅如此,这家人还存在情感三角关系呢!"金子补充道。

"情感三角关系?!"

情感三角关系指家庭中某两位成员间出现冲突时,把第三方卷入冲突以减轻压力,分散焦虑感。

"你表妹家的情况正是这样:夫妻两人关系紧张,把孩子作为第三方拉进来分散焦点。本来是妻子指责丈夫的缺点,丈夫反对妻子;现在变成妻子指责孩子的缺点,丈夫保护孩子,同时反对妻子。本来是两个人的焦虑,现在分散到三个人身上了。"

"这样他们两夫妻的矛盾还能缓和点!"

"你这样想吗?从家庭系统治疗的观点来看,有很多出现情绪和行为障碍的学龄期儿童,正是三角关系中的牺牲者,孩子一旦出现心理症状,就可以分散注意力,拉住父母亲,让他们的关系缓和些。"

"这样难道不好吗?"

"当然不好!不但对孩子不好,对夫妻关系也很有害。情感三角关系表面上能为关系紧张的夫妻减压,但其实有害无益!因为这是在回避矛盾,矛盾其实并没有消失,也没能得到建设性的解决,只是暂时偏离了焦点。一旦三角关系形成习惯,就会僵化固定,妨碍到全家人的适应和成长。"

家庭系统观点认为:通过评定家庭成员两两之间和相互之间的作用,个体能得到最好的理解。某个家庭成员的成长和行为不可避免地与家庭的其他成员相互联系。症状经常被认为是家庭内部一整套的习惯和模式的表现。当事人的问题可能是系统如何运作的症状,而不仅仅是个人调适不良。家庭成员间的互动模式会被当事人带进生活的其他方面,并与其他社会成员发生互动。所以,不观察其他家庭成员的相互作用,不考察个人与家庭所处的重大环境,却想准确地评定个人心理症状的原因是不可能的。

"原来是这样。"小东轻声道,"那这家人该怎么办呢?"

"要改变他们三个人的互动关系!"

家庭系统治疗的总体目标是祛除家庭成员的不适应症状,这一改善是改变了家庭成员间互动关系的结果。通常,一位成员率先改变,其他成员也会跟着改变。因为,原有的平衡已被打破,每个人都需要调整才能建立新的平衡。

家庭治疗的发展趋势是:不过分强调对问题的认知,而更多注重家庭成员的行动;注重处理现实中的问题,而不是过去的历史状况。治疗目标是解决目前表现出来的问题，并且关注如何使交流更加明确，使个人独立性及其在家庭内的归属感均得到增强。

咨询师在家庭治疗中的重要作用体现在参与、引发和促进最初的改变上。他们是促使家庭发生变化的催化剂，积极而有指导性。同时，他们认为家庭自身有能力作出自我改变的决定。

家庭系统治疗还认为，目前正常的家庭并不见得以后不会出现问题。家庭系统是一个动态的系统。从结婚到第一个孩子出生，再到孩子逐渐长大，孩子离开家庭等一系列家庭周期的发展，以及其他外部事件的发生都会引发家庭问题。症状的出现是家庭转变过程中适应不良或不够灵活的表现，而症状之所以会维持下来通常是由于家庭结构、行为方式和观念等僵化所导致。

"看样子，我表妹得先作改变了。"小东深思熟虑地说。

小茶点 梦中常见的性主题

亲爱的朋友，你想知道男性和女性，做的梦有什么差异吗？或者，你曾做过一些有性内容的梦，并为此感到疑惑或不安吗？请先喝两口菊花茶，再来看看下面的心理学研究成果——

近年来，心理学研究发现，不同性别的人，做的梦有明显差异。女性的梦境和男性迥然不然，女性的梦境多半在室内，梦中主角常常是熟人，而且往往在熟悉的环境里，例如家、宿舍、教室等。女性彩色梦较多。女性不常做进攻性的梦，暴力的梦更少。男性梦中，梦者体力活动多，室外活动多，梦中男主角多于女主角2倍。许多梦有敌意。在约半数带敌意的梦中，梦者对另一男性进行肉体攻击，被攻击者大多是陌生人。

年轻人做到包含性内容的梦十分常见。在一项研究中，研究者给250名大学生一张表格，表上列出34个常见的梦的主题，让大学生指出他们是否梦到过这些情节。结果表明"性经验"（主要指性交）被梦到的比率高居第6位。6.4%的大学生经历过这类梦。如果加上其他形式的性内容，则可以肯定几乎每个人都经历过这类有性色彩的梦。

梦境中常见的性内容有：看到裸体的异性、与异性接吻、拥抱、被异性爱抚、爱抚异性、性交等。梦中异性的形象有时是清晰的（往往是熟悉的人），有时是模糊的，甚至有时只是一个影子或部分器官。有时，梦境中会有与同性有性接触的情节，而做这种梦的人却是异性恋者，并没有可观察的同性恋倾向。有时，梦境中会有性侵犯的情节，做这种梦的人也并没有性侵犯的倾向和行为。性梦往往伴有相应的性冲动。少数时候，也可能不伴有相应的性冲动。性梦中的性内容有时表现为象征或隐喻的形式。例如，梦见到浴池洗澡，发现浴池是男女合用的。这种梦几乎可以肯定是性梦。因为到浴池要脱衣服，洗澡会出汗，这都是性行为的隐喻。与此相近，梦见洗浴或游泳也常常是性的象征。

3. 团体心理咨询

"除了前面提到的那些，还有两大治疗流派非常有特色，值得向你推荐，它们以适用于团体心理咨询而著称。"金子介绍道。

"团体心理咨询？"小东还是第一次听说。

"嗯，要让你有感觉，就得通过具体的案例来说明。有一次，一位年轻的来访者，在咨询中告诉我他最近的困扰。"

我和他已经一个多月没说话了，高一的课程虽没那么紧张，但我每天却在学校呆到很晚，写完作业去打球，晚到不能再晚时再回家。中午，笑容来找我，他是我在网游中最好的搭档，昨天他卖了一把神斧，赚了 200 元，想请我大吃一顿。

"清风飘，你猜我看到谁了，在网吧，是你爸，就昨天，我都没进去，他走了之后我才溜进去的，你爸怎么又去了，你现在都不玩了，他去干吗？"

一个多月前，在同样的地方，他当着那么多人的面，打了我，骂了孙老板，那里是离我们小区最近的网吧，大多数人都互相认识，很快所有的人都知道这事了。

有什么大不了的，我不就是退了几本书吗？周六他陪我去书店买了两百多块钱的书，然后又给我买了乔丹第 17 款篮球鞋，下午，我溜出来把书退了几本，换了一百多块钱。《传说》最后一关，如果我过了，我将是全班第一个过的，我将创造历史！最关键的一刻，他出现了。原来他一直在跟着我，他给了我两个耳光，我当时就懵了，他从来没有这么打过我，而且周围都是人，最重要的是，传奇无法再现，全班的记录也将不属于我了。

到现在，我一想起来，都很气，"走，先吃饭去。"

别想那么多了，笑容毕竟是笑容，看着他，我心情好多了。

"后来，我推荐他参加了团体心理咨询。"金子讲述了一个生动的案例。

"为什么不做个别咨询呢？"小东被吸引住了。

"像他这样的情况，参加团体咨询的帮助会更大！"

团体心理咨询又叫小组咨询或小组辅导。一个团体通常由1—2位咨询师加上5—10位来访者组成。通过咨询师与来访者之间、来访者与来访者之间的相互作用来达到咨询目标。

来访者面临的困扰如果与生活中的人际关系有关，往往很适合团体咨询。团体咨询的优点是较为活跃、活动方式丰富，人际互动多样，缺点是隐私性稍差一些。发展性咨询、青少年咨询、有关自我意识与情感体验的咨询等都很适合采用团体方式进行。

"参加团体的人带的问题都一样吗？"小东问道。

"有些团体一样，也有些不一样。"金子解释道，"如果来访者的问题和背景相近，我们管这样的团体叫同质性团体。反之，则叫做异质性团体。一个团体需要同质还是异质，由领队咨询师根据团体的目标来确定。在团体组建前，领队咨询师会一一面试组员进行筛选，确定他们是否适合参加该团体。"

"那清风飘飘参加了什么团体？"

"他先是参加了一个团体成员均为网络游戏入迷者的青少年团体,这是个沟通分析咨询团体,由我亲自带队,是同质性团体。随后,我又推荐他参加了一个心理剧团体,参加者有各种年龄和背景,各自想处理的问题也不同,当然咯,这是一个异质性团体。这两个团体分别对他产生了不同的帮助。"金子介绍道。

"沟通分析?"

(1) 沟通分析

沟通分析也是心理治疗的著名流派。它既有些像精神分析,又有些像行为主义,既强调认知,又以人为本。同时,它又独具一格,对心理问题的成因和改善方法,颇有独到见解。无法把它归入前面所讲的任一心理学模式。

"既像又不像,岂不成了'四不像'?"小东调侃道。
"嗯。它的确对四大模式作了创造性的整合!"

上世纪50年代末,美国心理学家艾里克·伯恩创立了沟通分析心理学。不满于当时流行的精神分析流派语言晦涩难懂,疗效缓慢而又不确定,伯恩用自己独特的语言,吸收前人理论的有益营养,对人类心理的规律提出了全新的阐述。伯恩的沟通分析心理学,既是一种人格理论和心理治疗理论,同时也是一种沟通理论。很快人们就发现它能够有助于理解人们之间的交往,帮助人们改进人际沟通、化解人际冲突、发展出良性的人际关系。于是沟通分析心理学不仅在个体和团体心理咨询,而且在社会和企业培训中得到了广泛运用,并于上世纪70年代起风靡美国。

"沟通分析心理学的语言很通俗，但讲的道理却相当透彻。"金子赞赏道，"不仅便于应用，而且极易见效。难怪深受注重实效的美国人欣赏。不仅是美国，在西方很多国家，沟通分析心理学都是外交官、谈判专家、企业高管、政治家和间谍的必修课程。"

"间谍？！"小东感兴趣了，"间谍的装备都是最先进的！"

"可不是嘛！"

不同于其他心理治疗理论的是，沟通分析心理治疗自创始之初，就被运用于团体心理咨询。迄今为止，它仍与心理剧一起，并列两大声誉最高的团体心理咨询方法。

伯恩及其追随者认为，沟通分析心理治疗的最终目标是促进个人成长，使一个人能够过上真正自主的生活。要达到这一目标，需要提高一个人的觉察力、自发性和与他人的亲密感。

"有句话说得好，**如果你不停地做你一直在做的事，那你就会不断得到你一直得到的东西**。"金子思索道。

"什么意思？"

"恰和'沟通分析治疗原则'同义，即所谓**觉察是改变的第一步**！"

沟通分析心理学认为，我们是基于过去的前提作出现时的选择。这些前提曾在过去某一时刻适合于我们的生存需要，但现在可能不再有效。我们具有改变选择的能力，并因此而改变我们的生活进程——觉察是改变的第一步。在一个团体的初期阶段，各种技术的目的是增加团体成员对于自己的问题和使自己的生活作出实质性改变之选择的察觉。

"觉察什么？"

"觉察自己处在哪个自我状态，觉察自己所接受和给出的抚慰！"

沟通分析心理治疗的理论十分丰富，其中两个最基础也是最核心的概念是：自我状态（ego state）和抚慰（stroke）。

沟通分析治疗认为，人们是在三种动力性的自我状态上运作各种行为的，每一种状态都包含了人格的重要部分。这三种状态是：父母（Parent）、成人（Adult）、儿童（Child），分别简称P、A、C。在一天里，人们始终不停地在三种自我状态之间转换，在任一时刻，人们的行为都与当下所处的自我状态相关联。

父母自我状态（P）表现出保护、呵护、批评、控制或指导倾向。他们会照搬政策和标准，发表类似下面的意见："你必须遵守规则。"

成人自我状态（A）表现出理性、善于计算、尊重事实和非感性的行为，试图通过寻找事实，估计可能性和展开针对事实的讨论，来更新决策。

儿童自我状态（C）反映了由于童年经历所形成的情感。它可能是本能的、依赖性的、创造性的或逆反性的。如同真正的孩童一样，处在孩童状态者希望得到他人批准，喜欢立即的回报，从那易动感情的语调中就可以辨别出这种状态。

两个人在相互交往时，分别会采取三种自我状态中的一种。总体来说，父母说："没有我不能解决的问题"，父母自我状态会导致强制策略的使用；儿童说："没有我不能避免的问题"，儿童自我状态会产生逆反心理或尽力回避冲突；成人问："事实是什么？"成人自我状态则会正视现实中的问题。

"金子，我跟你讲话时，好像我总是处在'儿童'状态，你总是处在'父母'状态！"小东惊讶道。

"有时候是，那是我在配合你呀！其实，我们不也常常共同处在'成人'状态就事论事地讨论问题嘛！"金子笑道。

"我不觉得，我觉得你总是把我当小孩看！"小东噘嘴道。

"是你先表现得像个小孩子似的！倒是蛮可爱的。但是讨论问题的时候，我一直很尊重你的意见，不是吗？"金子喝了一口菊花茶，微笑道。

"那好，你以后不要再叫我小东了，叫名字！"

"李东哲？"

"叫我东哲！"

"好吧，自我状态介绍好了，接下来讲抚慰。"

抚慰指人与人之间表示注意和认可的任何行为。沟通分析心理治疗认为，人们总是在与他人的交往中寻找和交换抚慰。这适用于各种类型的人际接触，例如人们之间身体层面的、语言和非语言层面的交流。身体层面的抚慰有拥抱、在背部轻拍或是握手。

抚慰可以是正面的，也可以是负面的。正面抚慰让人感到愉快，有助于接受者产生良好的感觉。负面抚慰则让人感觉不快，甚至产生身体或感情上的伤害，使接受者降低对自己的良好感觉。在生活中，典型的正面抚慰就是称赞、奖励、爱抚，典型的负面抚慰是批评、打骂和各种惩罚。

抚慰可以是有条件的，也可以是无条件的。有条件的抚慰是根据一个人所做的而给予，无条件的抚慰则是根据一个人的所是而给予，例如：

正面、有条件的抚慰："你这门功课学得真好。"
正面、无条件的抚慰："你真聪明。"
负面、有条件的抚慰："我不喜欢你穿的鞋子。"
负面、无条件的抚慰："我讨厌你。"

就像离不开食物和水一样，人也离不开来自他人的抚慰。即便是负面抚慰，也比没有好。在生活中，如果得不到所需要的抚慰，人们的心理就会饥渴、失衡，甚至不惜用种种扭曲的方式来寻求抚慰。

"比如……"

"比如小学生上课捣乱，被老师批评，可他还是捣乱。那是因为即便是批评也是一种抚慰，虽然是负面的，但也是在注意他，比对他冷漠要好。其实，他的捣乱正是在向他周围的人表达——我缺少抚慰！"

"清风飘就是缺少抚慰！"

"东哲真聪明！"

"你这是给了我一个正面、有条件的抚慰！"

"不对，你再体会一下，这回我给你的可是一个无条件抚慰！"

2005年《中国青少年网瘾报告》称，目前中国青少年网瘾比例达13.2%，另有13%存在网瘾倾向。网瘾的发生与性别、年龄及职业都有明显联系。初中生网瘾比例为23.2%，高中生为10.1%，大学生为14%。此外，失业或无固定职业者和职业学校学生等群体网瘾更高达20%以上。

从本质上说，网瘾是一个心理学问题，网络成瘾是一种心理机制。从沟通分析心理学的角度来看，网络成瘾的孩子在生活中缺少抚慰这种心理营养，通过上网打游戏能让他们得到抚慰。网络成瘾的青少年缺少自我觉察，他们一味沉溺于儿童自我状态，忽视了现实中的种种要求和理性的判断。因此，在团体咨询中，要充分调动起他们成人自我状态的能量。

"换一种说法，根据马斯洛的需要理论也是一样，人们具有生理、安全、交友、自尊、自我实现等需要。绝大多数家长为孩子们提供衣食住行，忽视了孩子们的交友、自尊、自我实现等精神需要。患上网瘾的孩子，现实生活中难以满足其精神需要，就在虚拟世界里寻找满足。网络游戏新奇有趣，还可以同时和很多人进行虚拟交往，得到人际'抚慰'，不断'练功升级'，最后取得优胜，更成为学习成绩不佳的青少年找回自尊、实现自我价值的途径。"金子喝了两口菊花茶，补充道。

"我很理解清风飘！"东哲也喝了两口菊花茶。

"是呀，像清风飘这样的青少年往往有一些共同特点：专注、执著、自我意识强、容易接受新鲜事物。"金子理解地说道，"在团体中，他们可以察觉到自己真正的内心需求，他们可以把他人当成自己的镜子，随时观察到他人的变化，逐渐了解自己所处的自我状态，并彼此示范，学习如何自如转换。"

要解决网瘾问题，需要大家来共同关注。家长和老师的当务之急，是在现实生活中创造条件，让孩子们得到"抚慰"，满足交往和自尊等精神需要，不必去虚拟世界寻找替代物。其实，网络游戏同时也为家长和老师引导青少年带来了启发。仔细观察，网络游戏之所以那么吸引青少年，恰恰是因为它符合了心理学原理：

（1）强化原理：网络游戏通过升级和物品，对青少年极其微小的进步予以强化。（2）快乐原理：网络游戏以娱乐贯穿始终，为青少年带来新鲜刺激和轻松愉快的感受。（3）尊重原理：网上聊天等网上交流平等、互动、自由自在，这一点非常吸引青少年。

"那清风飘的网瘾解除了吗？"东哲关心道。

"嗯，经过六次团体活动后，他对网络游戏的态度有很大转变！可他与父亲之间的关系还是挺疏远，为帮助他化解情感上的疙瘩，我邀请他，参加了一个为期四天的心理剧治疗团体。"

"心理剧？"

（2）心理剧

维也纳精神病学家莫雷诺1921年在他的精神治疗中心首创心理剧疗法。之后数年，他来到美国用了整整半个世纪时间不断发展和传播这一治疗方法。

心理剧是团体心理治疗中，最早出现的一种治疗方式。莫雷诺不满当时流行的精神分析治疗对人性悲观与缺乏行动力的缺点，致力发展出一种鼓励行动力和创造性的心理疗法。心理剧正是这样一种疗法，它提供一个安全的场所及一群可以信任的成员，在心理剧导演催化下，帮助团体成员将内在心理层面的事件，透过演剧的方式创造性地进行表达。

心理剧的五大要素是：主角、导演、辅角、舞台和观众。每个剧的主角在正式演出之前的暖身阶段中由团体全体成员选出，导演由受过心理剧导演培训的心理咨询师担任。辅角由主角在团体成员中选出。未担任主角和辅角的团体成员则在舞台下面担任观众。演出没有剧本，导演顺着主角的思路走，协助主角探索自己过去、现在、未来的生活场景，演出他们的思想、感受、人际关系或者梦想，探索心灵深处的情结，宣泄那些曾受到阻碍而未能表达的情感。

心理剧的过程包括以下四个部分：暖身（warm up）、演出（action）、分享（sharing）、审视（processing）。

图 5-6 心理剧的过程

暖身的作用是用来催化团体的创造性潜能。这一阶段像是在编织一个安全的摇篮，在这个摇篮中，每个人都可以开始相信导演、团体以及心理剧这种方法。

演出开始后，导演及被选出来的主角，逐步将问题从表面带入核心，主角会从观众中选出几位团体成员当辅角，来表演剧中的其他重要人物。

分享是一个让团体宣泄并且整合的阶段。与刚才剧中的主角或辅角有共鸣的观众，可以轮流上台表达自己的内心感受。此时不鼓励事件分析，但鼓励认同。团体中每位成员都加入体会和分享，发现自己跟台上的角色哪里像、哪里不像。适当的分享是一种完成。

审视则是在整个心理剧过程完成之后，由导演带领讨论心理剧过程中某些步骤的细节，探讨导演的技术与技巧是否运用得宜。这是为了团体、主角以及导演，特别是那些正在接受训练的导演，所进行的一种学习过程。这一环节在某些心理剧团体中可以省略。

"这也算团体治疗？不就是演话剧、看话剧吗？"

"只是表面上像，你亲身体验后就会明白什么是心理剧——什么叫'用舞台慰藉心灵，非同一般的生命体验！'"

心理剧的观众不同于一般戏剧演出时的观众，而是整个心理剧治疗团体中重要的组成，他们全程参与暖身、演出（每位观众都有机会被主角选中上台担任剧中辅角）、分享和审视。从某种意义上说，心理剧中的观众同时也是演员、而演员同时也是观众，观众的情感投入程度常常并不亚于台上的演员。

心理剧可以治愈经年不愈的心灵创伤，可以化解人际关系和个人成长的瓶颈、增进亲子、夫妻关系的和谐，可以使人们更灵活地面对现实，更自信地面对问题。心理剧被称道为——"**一种可以让你练习怎么过人生，却不会因为犯错而受惩罚的心理学方法。**"心理剧帮助团体成员增强自我洞察力，有效学习他人经验、发挥自身创造潜能，更好地面对生活中的挑战和机遇。

"那清风飘有没有当主角？"

"别急，我正要说呢！你还记得吗？清风飘的爸爸在网吧里打了他，清风飘对这幕情景一直耿耿于怀？"

"当然记得！"

"他的心理剧中就有这一幕。"

每个人心中都有一些想说却永远没机会说的话、想做却一直没机缘做的事，尤其在那些让人极难忘的时刻，例如生离死别、被家人打骂、与恋爱对象分手等。假如当时我们没能充分表达自己的心声，那么，无论是感激还是眷恋，无论是悲愤还是懊恼，当时的种种情绪仍会留存在心中某处，妨碍我们的心境，影响我们的人际关系，甚至引致种种身心疾病。

因此，在心理剧中常会重现这些事件，让我们能将想说的话说出、想表现的行为直接表现出来，宣泄积压情感，了却心中遗憾，重获内心平静。

"那一个剧，清风飘是主角，他在台上说出了他心中的委屈：他觉得他没有做错什么，即便是错了，爸爸也不该打他，而且还当着那么多熟人，一点面子也不给他留。他觉得爸爸不疼他，不爱他！"金子回忆道，"那天我也在现场。他从台下的观众中选出了几位，分别演他爸爸、孙老板，和当时在场的同学。他先分别以爸爸、孙老板和同学的语气和动作姿势表现，然后由各位辅角模仿他示范的样子扮演各自角色，他则表演他自己。所以，清风飘除了演他自己，等于还来来回回演了所有的角色。"

透过心理剧将内心的世界具体化、立体化后，主角可以有机会揣摩别人对同一件事的感受和想法，并因此产生新的领悟与了解，如此或可打开心灵情结、人际僵局。

"最关键的一幕是清风飘演他爸爸！"

角色互换是心理剧中非常关键的一个技术，即让主角扮演与他们有冲突的另一人。通过角色互换，主角可以重新整合、重新消化和超越束缚他们的情境。

"他生爸爸的气，是因为他不能理解爸爸的立场和心情！演完爸爸后，这一瓶颈被突破了！他体会到了爸爸心中对他深沉的爱。心与心的隔阂就在那一刻消融！"

"这么神？看样子也要叫我表妹演演她妈妈！"

"还有一幕也很感人！"金子说道，"就在他当主角那天，我请来了他爸爸。他爸爸坐在暗角里，看完了他演的剧。看到清风飘在台上质疑道——'爸爸，你爱我吗？'他情不自禁站起身就想上台，我赶紧提醒他坐下。看到清风飘演爸爸时说出——'孩子，我爱你。'他的眼泪再也止不住，哗哗地就往下流。最后，在分享阶段，他作为观众上台，当着所有人的面，郑重地向儿子道歉！"

"金子，你怎么啦？"

"爸妈不好当，孩子也不好当啊！"金子眼圈红红的，挺动感情地说，"那天，我也哭了，现场很多人都深受感动。清风飘的爸爸其实很疼他，他也很后悔自己那天一时气愤下失控打了孩子。之后他又去了网吧好几次，不是去监视儿子，而是去学打网络游戏、与那些与自己儿子差不多大的中学生聊天，了解他们在想什么，需要什么。"

"嗯。"李东哲递了一包面巾纸给金子。

……两人沉默了一会儿。

"其实，我还联想到自己以前和父母闹矛盾的事了。"金子轻声说道。

"我知道。"

"东哲……"

图 5-7 用舞台慰藉心灵

小茶点 如何倾听哭泣的孩子

亲爱的朋友，当有孩子在你面前哭泣时，你知道如何适当地倾听他，给予他精神和情感上的关怀吗？

请先喝两口菊花茶，再来看看帕蒂·惠芙乐在《倾听孩子——家庭中的心理调适》一书中给为人父母者的建议。这里有如何与孩子作情感沟通的范例，可以给你带来启发。比如，当孩子面临伤痛而哭泣时，如能得到父母如下的倾听，不仅能抚平伤痛，孩子的自信心也将得到惊人的增长：

1. 先检查孩子身体是否受损伤或环境中是否有危险。
2. 不要流露出不安，也不要给予忠告。
3. 靠近孩子，轻轻搂住他，让你们目光相接。
4. 和蔼地请孩子把他的烦恼告诉你。
5. 如果他害怕一些事物，向他保证你一定会保护他，不让他受伤害。

6. 不要对孩子的情绪作评论。
7. 允许孩子畅快地哭,没有时间限制。
8. 孩子哭后可能会需要睡一觉。
9. 倾听过孩子充分哭泣之后,注意发现孩子身上新增长的领悟力、热情和创造力。孩子在成人帮助下,痛快哭过后感到轻松、被爱、满怀希望。他们会通过某些微小而意义重大的行为,让我们知道他们的变化。注意捕捉他渴望生活与爱的天性的闪光。

第六章 东方文化背景下的
心理咨询与治疗

1. 文化渊源

(1) 东方民俗心理治疗

"东哲,你知道什么叫'祝由'吗?"
"不知道。哦,好像是一种原始的仪式!"

我国民间自古流行"祝由":生病以后,由巫医将病人的症状和病因告诉给神,如此病即痊愈。从我们现代人眼光来看,这是一种心理疗法。

利用心理机制治疗疾病的方法,起源于巫术和各种民间疗病健身术。自古以来在世界各地,就把类似祈祷、占卜、治病的法术,视为宗教咒语一类的神秘事物。中国、日本、朝鲜等亚洲大多数民族都有此类与心理影响和人际操纵相关的方法,达到祛病养生的目的。各种巫医(被认为可以经由神力来治病的人)里,比较典型的是"萨满"(shaman)。这种巫医在历史上曾经盛行于西伯利亚一带，包括我国东北（东北俗称"跳大神"）和朝鲜。这种原始的土著巫医在施行治疗仪式时，会进入精神恍惚状态，以不同的声调说话，表现得完全不像他本人，声称是被神灵附身，然后传达神意，告诉求医者问题出在哪里，该如何治疗或解决问题。通常对此的解释是：患者被邪神附体了，需要驱邪；或是祖先的坟墓风水不对等等。

一些传统的民间疗法至今仍有不少信奉者，有时甚至还会成为在现代社会中颇有影响的"流行疗法"。但这些方法与建立在心理行为科学基础之上的现代心理治疗相比，缺乏科学观察和实验依据，理论的系统性和严密性不足；大部分方法有神秘主义色彩，或是明显的盈利、传教、结社等功利性目的，容易导致身心伤害等副作用和经济上的损失，成为有害的"心理"疗病术。

其实，这些巫医采用的其实是催眠术，但不把它叫做催眠而称为"法术"。"萨满"、"扶乩"、"降青蛙神"等与催眠现象十分相似。例如，"降青蛙神"的过程是：由一位精通此术的人主持仪式，先挑选一个十来岁的男孩来接受"神意"，然后"念咒"、焚香，不久男孩精神恍惚，于是主持者称"青蛙神"已降临在这个孩子身上，紧跟着男孩就会手舞足蹈，口念神旨……表演完毕，主持者再烧符念咒，请"神"退去。男孩清醒后，完全不记得刚才发生了什么事。

"催眠？好神秘呀！"
"其实，催眠并不神秘！"

催眠并不神秘，它只是我们人类意识和心理在特殊情况下的一种状态。催眠的定义是：当我们接受某些连续、反复的刺激，尤其是语言引导，使我们从平常的意识状态转移到另一种意识状态，而在这种状态下，会比平时状态容易接受暗示。我们把这个过程称之为催眠。对照刚才对"降青蛙神"过程的描述，可以发现"念咒"就是这样一种连续、反复的刺激，在这种状态下，孩子很容易就接受暗示，按主持者的期待来表现。和催眠一样，孩子清醒后完全不记得刚才发生的事情。

进入催眠状态，并不是睡着了。人的意识仍然部分保持清醒。催眠状态下的脑波，是 α 波，与人们清醒且平静状态下的脑波相同。催眠效果主要是由语言的引导、暗示，调动我们潜意识中的自我调控能力来完成平时不能完成的任务，与超能力无关，催眠术并不神秘，我们每个人都可以学习！我们每个人都可以应用它来改善自我，更好地适应日常生活！

在学习过催眠的心理咨询师看来，催眠术是一门身心调适的技术，催眠过程只是手段，目的是要在来访者潜意识活跃的状态下帮助他进行治疗和改善的工作。进入到催眠状态，许多平常所做不到的事情都可以在催眠状态下实现，如回忆起过去所遗忘的事物，改变自我性格与习惯、提高对事物的预知能力等等。现今，催眠被广泛运用在医学、心理、教育、运动、潜能开发、宗教甚或刑事侦察等领域上。

"除了巫医以外，算命、占卦、求签、去庙里求菩萨保佑等，都是东方民俗心理治疗。"金子补充道。

(2) 中国文化特殊性心理治疗

"我姨父,对中国传统文化挺有研究。"

"是吗?"

"当年,他家里闹矛盾,工作上也不顺心。他就用看《老子》、《庄子》、《周易》等来转移注意力,调整心情。"东哲介绍道。

"不错,不错。"金子赞同道,"中国传统文化对现代人的自我心理调节确实非常有启发!而且,人生不同阶段,适合借鉴不同的古代哲学思想来平衡心理。"

中国古代哲学思想共有三条支流:分别是以孔子为代表的儒家哲学、以《老子》、《庄子》、《周易》为核心的道家学说和以禅宗为主导的佛教思想。传统上有这样一种看法:这三派哲学思想,适合不同年龄的人。儒家入世,适合青年人借鉴;道家出世,适合中老年人参考;佛教禅宗则兼具入世与出世,适应面较广。

中青年时期精力充沛,致力于成家立业,最适宜借鉴儒家的教导,锐意进取,承担起社会责任——所谓"修身、齐家、治国、平天下","先天下之忧而忧,后天下之乐而乐"就是指的这个人生阶段。此外,"和为贵","中庸之道","己所不欲,毋施于人"等儒家思考,对于遵循社会规范,维护人际和谐,保持心理平衡也有着积极意义。

中年以后,一方面要继续维护家庭和发展事业,另一方面人们也开始收敛各种欲望,调整生活方式,关注保养身心和怡养天年,并开始对自己生活的意义再次省思。此时,道家思想的虚静、超脱、博大就很能吸引中老年人。所谓"清静无为、顺其自然","少私寡欲、知足知止","知和处下，以柔胜刚"，颇值得中老年人参考。

"那禅宗呢？"

"春有百花秋有月，夏有凉风冬有雪，若无闲事挂心头，便是人间好时节。"金子轻轻念诵道。

"不懂。"

"所谓，平常心是道。"

禅宗认为，人人心中皆有佛性（神性），通过适当的修行，人人都有可能成佛（在精神上达到大彻大悟的完满境界）。而这种适当的修行方式就是在日常生活中专注于每一时刻的生活体验，所谓**活在当下**，充分感受每一片刻生命的美好。"**平常心是道**"，就是指这种不脱离现实生活的修行方式。

"明白了，这就是你刚才说的既入世，又出世！"东哲似有所悟。

"不错！'活在当下'其实是一种意识扩张、主客观融合的体验，与道家学说中的'天人合一'意境相仿，只是途径略有不同而已。"

此外，我国传统医学——中医也蕴含着宝贵的心理治疗思想。中医起源于《周易》等道家思想中的阴阳、五行学说。两千多年前，中医经典名著《黄帝内经》最早阐述了各类疾病与阴阳五行关系，并提出中医"身心一体"的整体健康观。在《黄帝内经》中，还有不少关于心理原因导致生理致病以及采用心理疗法的论述，所谓"医心为先，治神为本"。书中还提出可以用"以情胜情"法治疗生理和心理疾病，所谓"怒伤肝、喜伤心、思伤脾"，"悲胜怒、恐胜喜、怒胜思"，"喜怒哀乐"皆是药。

清代《冷卢医话》中记载了不少用"以情胜情"法进行心理治疗的例子。其中之一是逗笑疗法：

清代有一位巡按大人，患有精神抑郁症，终日愁眉不展，闷闷不乐，几经治疗，终不见效，病情却一天天严重。经人举荐，一位老中医前往诊治。老中医望闻问切后，对巡按大人说："你得的是月经不调症，调养调养就好了。"巡按听了捧腹大笑，感到这是个糊涂医生，怎么连男女都分不清。自后，每想起此事，仍不禁暗自发笑，久而久之，抑郁症竟好了。一年之后，老中医又与巡按大人相遇，这才对他说："君昔日所患之病是'郁则气结'，并无良药，但如果心情愉快，笑口常开，气则疏结通达，便能不治而愈。你的病就是在一次次开怀欢笑中不药而治的。"巡按这才恍然大悟，连忙道谢。

"哈哈。"东哲笑了。

"中医心理治疗大有潜力，要知道，身心一体观可是当今的先进理念喔！"金子认真地说道，"此外，正是从中国的禅宗思想中，发展出了当代亚洲的著名心理疗法。"

2. 亚洲著名疗法

（1）禅

公元 6 世纪，在道教和儒家思想的影响下，中国化佛教——禅宗诞生。禅宗思想奠基人慧能禅师的《六祖坛经》是禅宗基本理论著作。禅宗的"禅"是梵文 dhyana 的译音，意思是"集中"与"观照"。"禅"的精神实质就是对现实的顿悟与超越。由于禅宗提倡的超越精神可以调整人的价值观，提高人的精神境界，被中国古代的文化阶层广为接受，逐渐成为一种文化思潮和中国古代知识分子追求理想人生境界的流行方式。

公元7世纪中叶，日本僧人道昭将禅宗的临济宗和曹洞宗传入日本。禅宗在日本得到了继承和发扬，并与日本的文化生活结合，演变出注重武德的武士道，注重内在修为的茶道、花道等日本的"生活禅"。

到了近现代，日本对禅学进行了系统和深入的整理，并介绍到西方，在欧美等国引起了极大反响，被誉为是拯救现代人灵魂的一剂醒世良药。

铃木大拙（1870—1960），是一位毕生致力于禅学研究的日本著名学者，是由东方向西方传播禅学的第一人，为东西方文化交流作出了重要贡献。他不仅对禅学典籍进行了大量考证，而且亲身实践日本临济宗的禅修之路，留下了大量著作。不仅如此，他还开创了禅与心理治疗之间的研究，与精神分析派心理学家荣格和弗洛姆共同探讨了"禅与精神分析"。

"禅，"铃木大拙说道，"**就是看透一个人的存在本性的艺术。**"他认为，禅是一套实践，能把我们带进一种存在状态，在那种状态中，我们可以不受过去生活经验的干扰，经历来自"自在的心灵"的广阔的治疗力量。从而把蕴藏在我们心中的仁慈的、创造性的能量发掘出来，使我们充分体验和享受人性中的自由、快乐和互爱。

"喔，禅有这么好？那要怎样去实践呢？"东哲问道。

"铃木大拙最常讲的是一个'悟'字。"金子微笑道,"禅宗首先追求'顿悟',其次才是'渐悟'。"

顿悟是一种非逻辑的直觉性体验,使人瞬间看透宇宙中时间、空间的道理,甚至领悟生死之谜,体认到生死本无实质性的区别,即所谓"看破红尘"。通常,顿悟是在长期反复思索体会人生的真理的基础上,无意间接受到外界一些暗示和启发后,突然发生的领悟。

例如,唐代有位僧人叫德三,在街上向一位老婆婆买饼,老婆婆对他说,"我有个问题问你,如果你答对了,我就送你饼,如你答错了,出钱我也不卖给你。"老婆婆问:"《金刚经》上说:'过去的心得不到,现在的心得不到,未来的心也得不到。'那么你向我要哪个心?"德三答不出,只能饿肚子。很快,他又经过一个集市,见有人在卖肉包子。德三向他买一个精肉包子,卖包子的人指着肉馅问:"哪个不是精的?"德三当下顿悟。

"因为肉包子馅开悟?"东哲感到困惑不解。

"可不是嘛!禅学典籍上,类似这样的故事还有很多。表面上看,毫无逻辑可言。我觉得,这些僧人长期修养身心,已经积累到了一个转变的临界点了,所以稍稍增加一点灵感,就完成了最后的飞跃。"金子说道。

日本尼姑千代野,习禅多年未能开悟。在一个宁静的满月之夜,千代野提着一个装满水的旧木桶走在回寺院的路上,她一边走,一边观赏倒映在水桶中的圆月。突然,藤编的水桶箍子断了,"哗"一下,水桶散了架,桶里的水全部跑了出来,水中之月消失了——就在一瞬间,千代野开悟了！自此以后，她体验到禅宗六祖慧能所说的"本来无一物"的心境，旧有的认识见解如桶中的流水般悄然溜走，她从空空的桶底看见了一个崭新的世界。

"本来无一物？！"

"嗯！慧能创立的禅宗以直面本心、见性成佛为宗旨。所谓'菩提本无树，明镜亦非台；本来无一物，何处惹尘埃。'就是慧能描写自己顿悟佛法所言的'空性'——'万物流变，无物常驻'后的感受。"

"那要是顿悟不了怎么办？"

"那就慢慢修呗！"金子调皮道。

作为一套完备的精神修养方法，禅宗为不同个性与修养基础的人指出了四条快慢不一、殊途同归的途径：

最快：顿悟顿修。一下子达到完全顿悟，犹如快刀斩乱麻。

次快：顿悟渐修。先是达到小部分顿悟，然后通过继续修养，渐渐达到完善。犹如婴儿出生，然后慢慢长大，最终成人。

再次：渐修顿悟。先是渐渐修养，然后有一天达到顿悟。犹如在树林里伐木，砍到第一百零一下，树突然断了，正是前面那一百下积累下的功力。

最慢：渐修渐悟。一个通过持续修养，渐渐达到完善的过程。如同学习射箭，起初百无一中，最终百发百中。

"禅宗认为，悟与修是一体的两面，不能截然分开。"金子解说道。

"怎么修?"

"这个修呀,就完全是一套心理自疗法啦!"

具体的方法:一是遵循一整套行为规范,二是练习打坐冥想。

"这套行为规范来自佛陀释伽牟尼在公元前6世纪教导的'四圣谛'和'八正道'。"金子解说道,"所谓'四圣谛'就是下面四句话——

一切生命都是痛苦的。

一切痛苦源自欲望。

消灭欲望就消灭了一切痛苦。

通过遵循'八正道'就能消灭欲望。"

"八正道?"

"嗯,用现在的话来说,就是遵守八条伦理道德守则。"

"八正道"包括:

1. 正确的见解。对于自然、因果、人在宇宙中的地位有正确的理解。
2. 正确的思维。这里指始终保持正确的内心意志。
3. 正确的言语。不说谎、不诽谤,以及运用语言促进人与人之间的和谐。
4. 正确的行为。不偷盗、不杀生、不淫乱以及对一切生命的同情。
5. 正确的生活。确认一个人所从事的职业不会伤害其他生命。
6. 正确的努力。这里指正当的勤奋工作。
7. 正确的心念。这里指规范意识和控制身体各部分。

8. 正确的精神专注。这里指规范注意力，以及正确地练习打坐冥想。

"打坐冥想？那不就是'气功'吗？"
"嗯，你这么理解也没错。"
"原来学禅就是遵守道德规范再加上练'气功'！"
"嗯哼……"金子逗东哲道，"你也会'气功'呀？"
东哲不说话。
"啊呀，忘了添水，水都凉了。"金子赶紧给两人杯中的菊花茶续上热水，金子喝了两口茶，接下去解说道："坐禅嘛，要注意三个要点：调身、调息、调心……"
"这些我都知道。"东哲有些不耐烦。
"你都知道？！那你听说过行禅、食禅、茶禅、花禅、行止坐卧皆是禅吗？"
"没有。"东哲若有所思道。
"这就叫生活禅。冥想的形式不拘于正式打坐，久而久之，生活中无时无刻都能练习进入静心的状态。"金子解说道。

西方学者总结，禅修有四步境界：

1. "夺人不夺境"：指当人与外界事物接触，发生心理活动时，人的主观不介入，不作好恶等主观判断，只是将外界事物客观地反映到人的意识中。所谓"看山是山，看水是水"。
2. "夺境不夺人"：指在人的意识层面，不存在外界事物，只有自我的意识活动，如思维、想象等，以人的主观活动为主。所谓"看山不是山，看水不是水"。
3. "人境俱夺"：指主客观事物都消失，内心世界无比超脱，空灵。

4. "人境俱不夺"：指主客观事物有机地融合在一起，以新的方式回到人的意识当中。所谓"看山又是山，看水又是水"。

到了最后一个阶段，也就是到了"开悟"的境界。用弗洛姆精神分析的语言来说，就是感受到"对人类普遍性的活生生的体验"，用铃木大拙的话来说，就是成为"赤条条的不属于任何等级的真人"。

"有点意思！"东哲的兴趣又回来了，"听到这样的总结，挺有方向感，感觉上只要坚持练习，就能持续进步，好像并不象我原来想得那么玄！"

"有人认为，所谓冥想就是自我催眠。也有人认为，冥想达到的程度比自我催眠更深！"

"嗯。我父亲，喔不我姨父当年，也练过一阵子静坐！他说自己心很乱，需要静一静。"东哲微微皱眉道，"当年，他工作上有些事让他很不开心……"

随着东哲生动的叙述，金子眼前出现了这样一幅场景——

"老张，孙经理叫你。""噢，好的，我马上去。"老张缓缓地站起来，走到经理室，轻轻地敲了三下，"进来老张，昨天你提交的方案我看了，还是不行，你先坐，我给你看一下朱宇做的方案。"

老张当年42岁了，在公司已经做了7年了，去年部门经理调走了，公司评定经理人选，大家都觉得老张最有希望。那段时间老张就像换了一个人，天天笑容可掬，他还请大家吃了一顿饭，朋友叫他送点礼，走动走动，他说不用，人事部让他去外语培训，他说这么大年纪很难学，其他人会就行。

153

等到评定结果公布后,老张懵了,怎么会是小孙,他刚来三个月,才过试用期,同事们诧异的目光更让老张烦躁不安。因为这,他请了一周的假,说身体有病。是有病,心病。他曾经想过辞职,但辞职去做什么,一家人都指着他呢,留在公司,以后都抬不起头。老张最后还是来上班了,话少了许多,做事谨小慎微的,对于小他8岁的领导,老张真是毕恭毕敬,而个中的真实滋味只有老张自己清楚。

"孙经理,我也认为朱宇做的方案更合适,那就用朱宇的方案吧,我没意见。"老张声音轻柔和缓,五官凑在一起,构成一幅凝固的笑脸。

"哦,怪不得他要看老庄,练静坐了。"金子同情道,"他这是在事业上遇到了发展瓶颈,感到无助又无奈,于是开始给自己调整情绪。他也挺不容易的!"

"问题是,他在家里面也找不到安宁。他先是静坐了一阵子,后来又放弃了,说是心总静不下来。然后就开始看老庄、《周易》,反倒有效果,心情平静很多。"

"喔……"金子思考了一下问道,"东哲,你姨父平时脾气急不急?"

"急!"东哲立马说道,"他这个人,原本脾气急躁,不太有耐心。不过他上进心挺强,有苦干精神,工作投入,做事认真负责。他也挺有时间紧迫感的,性格比较外向,动作敏捷,说话快,生活常处于紧张状态。不过,自从这件事以后,他不开心了很久,也不像以前那样,一心扑在工作上,生活节奏也慢了下来。不过,我总觉得他没有过去那样有活力了。"

"那就对了!你姨夫升职受挫以后,出现了'职业倦怠'的表现。而且,他是一个Ａ型性格的人。"

"职业倦怠？A型性格？"

职业倦怠是指当人们长期承受来自工作的压力或是挫折，日积月累，最后感到身心疲惫，严重影响到工作意愿和工作效率，甚至想要退出工作这样一种现象。出现职业倦怠，最明显的表现是心里不想去上班；经常感到浑身疲乏无力、好像总也休息不够，或是心情烦躁、肠胃不适；对自己从事的工作产生明显的厌倦感，时常有摆脱工作的念头在头脑中盘旋等。

职业倦怠是现代社会的常见现象。会产生职业倦怠，往往兼具来自工作场所的外因和来自个人性格的内因。常见的外因有：工作单调、劳动强度大、工作环境差、工作时间紧；工作职责不明确，个人在组织中没有影响力，不能获得应有的晋升使上进心受到挫折；与上级、同事缺少沟通、工作中人际关系紧张，自己的家庭不能起到社会支持作用等。

"自己的家庭不能起到支持作用也算？咳，我姨父光外因就占了两条！"

来自个人性格方面的内因则包括：自我压抑（为求得上级的认可，压抑自己的真实想法和情绪），A型性格……

"完了完了，他都占全了。难怪，他对工作总也打不起精神来！"

A型性格的主要特点是：性情急躁，缺乏耐性。他们往往成就欲高，上进心强，有苦干精神，工作投入，做事认真负责，时间紧迫感强，富有竞争意识，外向，动作敏捷，说话快,长期生活在紧张的生活节奏中。

与此相反,B型性格的主要特点是,性情不温不火,举止稳当,对工作和生活的满足感强,喜欢慢步调的生活节奏,在需要审慎思考和耐心的工作中,B型人往往比A型好。

A型性格者往往对自己寄予极大的期望,苛求自己,不惜任何代价实现目标;并以事业上的成功与否,作为评价自己人生价值的标准;常常把工作日程排得满满的,试图在尽可能少的时间里,做尽可能多的工作;不懂得放松自己,更不情愿把时间花在日常琐事上。

心理学研究认为,"经常想到有许多事要做,却没有时间去做",这种左右为难的复杂心态,会使我们紧张忧虑、心力交瘁,高血压、心脏病、溃疡病等身心疾患便会随之发生。美国20世纪60年代进行的一次追踪调查表明,在257位患有冠心病的男性病人中,A型人格的人数是B型人格人数的两倍多。

A、B型性格分类模式正是从身心疾病研究的角度提出的。长期以来医学界认为诱发心脏病的原因是高血压、血清胆固醇、吸烟等,但这些因素解释或预测不到心脏病的半数。后来心理学提出易患心脏病的人有一种共同的行为模式,称为A型性格。A型性格者其思想、信念、情感和行为的独特模式,会源源不断地产生内部的紧张和压力。具有这种性格的人容易患冠心病。

"金子,像我姨父这样,该怎么办呢?"东哲关切地问道。

"他练静坐,看老庄,其实挺好的,正有利于调整他的A型性格。解除心理上和生理上的过度压力。"金子中肯地说道,"不过,他在工作场所里面自我压抑,却不那么有建设性。他那时可以做的，是好好衡量一下自己在工作能力上的长处和短处，扬长补短，提高综合能力，增强自信心和个人的职业竞争力。"

"还要竞争呀？不是说 A 型性格的人太好胜对身体不好嘛。"

"凡事都有个度。适度的良性竞争可不是坏事喔！一张一弛，那才叫文武之道呢！"

怎样才能在保持进取精神的同时，解除 A 型性格人在心理上和生理上的过度紧张和压力呢？

首先，要为自己的职业生涯制定适当的目标，既符合自己的实际能力和客观条件，又可适当超前半步，给自己激励。其次，在时间安排上要预留回旋的余地，适当放慢生活节奏；再次，划清工作与生活的界线，留出生活的时间，多培养业余爱好，多参加体育活动，平衡好工作与生活。

此外，解除精神压力的秘诀，存在于我们的思维之中，当我们面临困境时，要有洒脱的气概和乐观的心态，所谓"山高自有行人路，船到桥头自然直"。一个乐观的人，比较容易应对生活中的各种困难和挫折。因为困难和挫折的程度，取决于当事人的心理体验；困难和挫折的转机，取决于当事人对困难和挫折所持的态度。因此，我们应该学会保持一个既积极乐观、又宽容和谐的心理状态，化逆境为顺境、化纷争为友善、变挫折为动力！

（2）森田疗法

"有人说，森田疗法是治疗神经症的最佳疗法！"金子介绍道。

"神经症?"

"嗯,神经症是对一大类心理障碍的总称。"

神经症是心理咨询界早期对一大类由精神创伤或心理冲突等心理因素引起的慢性心理障碍的总称。(在最新的 DSM-IV 的分类中,没有神经症这样的分类。)早期,焦虑症、失眠症、强迫症等都被归为神经症,认为它们主要由心理因素引起,适合通过心理咨询进行治疗,属于心理障碍,区别于那些被认为有生理基础、更适合药物治疗的精神疾病。

森田疗法(Morita Therapy)于 20 世纪 20 年代由日本精神病学家森田正马创立。1983 年,日本森田疗法学会正式成立,1991 年,国际森田疗法学会成立。森田疗法具有浓厚的东方哲学色彩,尤其和佛学思想关系密切,是佛学思想在心理健康与治疗领域的又一具体运用。作为一种心理治疗方法,森田疗法对神经症的良好疗效举世公认。

森田疗法认为,凡人都有上进心,有生的欲望,神经症患者的这种欲望较之常人更为强烈,其强度超过了极限,就会表现出各种不适应的症状。神经症患者通常不能正确对待客观现实,而是把自己的理想和欲望扩展到完全不可能实现的程度。

"现代人的浮躁和急功近利,往往给自己带来过大压力,容易导致心态扭曲。因此,对我们现代人来讲,森田疗法'回归自然'的思想和具体方法颇有启发意义。"金子引申道。

森田疗法采纳了许多佛学思想:例如,佛学认为人的思想是一个不断生、灭的连续过程,我们不应对此产生执著。正如《金刚经》中所讲:"过去心不可得,现在心不可得,未来心不可得。"要我们对过去的事物无须留恋,对未来的事物不必执著,所谓的现在即将成为过去,我们所能把握的只在眼前的一念。要专注于眼前的生活目标和生活体验,也就是"活在当下"。

森田疗法对精神活动的认识同样如此,认为:"我们的身体机能、精神现象,犹如河川流动不息,时时刻刻都在不断变动。……我们的欲望和痛苦也是在不断地变化、流动、消长、出没,决不可对其拘泥、固执和保留。"以上认识不仅是森田疗法的理论基础,同时也是森田疗法的指导思想,被具体运用到治疗过程中。

森田疗法主要采用住院治疗,通过住院创造一个特定的治疗环境,在心理治疗师的指导下,帮助神经症患者获得"**顺其自然,为所当为**"的领悟以及积极的生活体验。住院治疗分绝对卧床期(1周)、轻体力工作期(3—7天)、重体力工作期(3—7天)、生活训练期(1—2周)4个步骤:

绝对卧床期,除卧床外其他什么事都不允许做。神经症患者一方面得到了休息,另一方面也逐渐感到无聊。

轻体力工作期,此期间禁止外出、看书、阅报,也不许与人交谈。允许做些简单的体力工作,或者室内的艺术创作,如画画、塑陶、书法、写歌等。这一时期,患者体验到一种从无聊中解放出来的愉快感。由于患者不关注症状,症状的感觉减轻。同时,患者对活动越来越感到兴趣,渴望得到更多工作。

重体力工作期,这时仍不过问患者的症状,让他努力工作,工作包括:除草、清理厨房、做农活、木工等等。开始让患者读书，主要以历史、科学、传记等为主，并要求患者撰写治疗日记，此期劳动强度、作业量均已增加。通过努力工作，使患者体验完成工作后的喜悦，培养忍耐力，学会对症状置之不理，进一步将精神能量转向外部世界。

生活训练期，患者白天回到原工作岗位，晚上仍住在医院，治疗日记仍然坚持写，帮助患者在工作、学习、人际交往中进一步体验顺应自然的原则，为回归社会做好准备。

金子一口气说到这里，停下来喝了口菊花茶，又看了看东哲，问道："怎么样，对你有启发吗？"

东哲摇摇头："我不太明白你刚才说的'顺其自然，为所当为'！"

"哦！"金子点点头，"我给你讲个故事吧。"

神经症的故事

一对师徒走在路上，徒弟发现前方有一块大石头，他就皱着眉头停在石头前面，师父问他："为什么不走了？"

徒弟苦着脸说："这块石头挡着我的路，我走不下去了，怎么办？"

师父说："路这么宽，你怎么不会绕过去呢？"

徒弟回答道："不，我不想绕，我就想要从这个石头前穿过去！"

师父："可能做到吗？"

徒弟说："我知道很难，但是我就要穿过去，我就要打倒这个大石头，我要战胜它！"徒弟很痛苦："连这个石头我都不能战胜，我怎么能完成我伟大的理想？！"

师父说:"这两者压根就不是一回事,你太执著了。"

"神经症患者就像故事中的徒弟,被症状(大石头)所困扰,而森田疗法治疗师就像故事中的师傅,让神经症患者(徒弟)对症状视而不见,带着症状继续正常的生活(绕道继续往前走)。这就叫作'顺其自然,为所当为'!"

"噢……"东哲明白了。

"顺其自然"包括:
① 对情感活动顺其自然。
② 对各种想法和观念顺其自然。
③ 对症状顺其自然。
④ 对事物的客观规律顺其自然。

"为所当为"包括:
① 忍受痛苦,为所当为
② 面对现实,陶冶性格

具体的做法是要无条件地接受症状,不排除症状,一方面带着症状去做应该做的事情,像正常人那样去工作和学习。例如,有人到了高处感到恐惧,就让它恐惧,该去高处行动仍然去。不经过恐惧的煎熬就不能战胜恐惧。事实证明,这样做了,内心的恐惧反倒会大大减轻。

患者一边忍受痛苦,一边做应该做的事情,在不知不觉中得到自信的体验。一旦体验了这种自信,就会领悟到自己的症状实际上是主观臆造的产物。

"森田疗法有它一套操作方法,此外,它还倡导神经症来访者采纳森田式的生活态度。"金子介绍道,"这种态度直面现实、积极向上、富有勇气,对心理障碍来访者来说,森田式的生活态度确实颇有启发。"

森田式的生活态度包括：

一、端正自己的外表。完美的外表与完美的心灵是联系在一起的。要摆脱内心的痛苦和不安，首先需端正外表，意志随之自然而然就会坚定起来。

二、保持充实的生活。要保持充实的生活，就必须养成劳动的习惯。对于过度内向的神经症患者来说，通过积极工作，可逐步走向外向。

三、勿需长期休养。神经症患者具有较强的上进心，他们急于摆脱症状，也是为了能得到更强的工作能力。长期休养，对他们有害无益。

四、正视现实。当要去做一件不情愿的事情时，人们会找出一些借口，尽可能去回避。有一种人，以自己患有身心疾病为借口，逃避现实。正确的态度是：不以疾病为借口逃避现实。

五、不做完美主义者。神经症患者往往是完美主义者。他们有极强的欲望，他们以最顺利的状态下达到的成果为标准来要求自己，事实上根本无法实现。正确的态度是：不做完美主义者。

六、勇于进取，增强自信。神经症患者一般都有自卑感。其实，许多事情并不一定要有了自信之后才去做，自信产生于努力之中。正确的态度应是：勇于通过行动去达成目标，最终增强自信。

七、面对痛苦顺其自然，不急于摆脱。对于现实中的痛苦，硬要逃脱是办不到的。我们只能顺其自然，努力将自己致力于工作和学习之中。随着时间的流逝，痛苦和悲伤自然会逐渐消失了。

(3) 内观疗法

"内观疗法是与森田疗法齐名的东方心理疗法!"金子介绍道。

内观疗法(Naikan therapy)由吉本伊信先生于1953年创立,在日本非常受欢迎。经过近半个世纪的发展,日本现有十多家专设的内观疗法研修所,在各类心理咨询机构和医疗机构中也得到了广泛运用。我国改革开放后,内观疗法紧随森田疗法,先后被引进我国的心理咨询机构。

佛教中的"内观"指观察事物的本来面目,如实觉察自己身心的实相,最终达到心灵的净化。内观疗法源于日本净土宗的精神修养法,即一段时间不饮食、不睡眠去领悟生死无常,最终转迷开悟。吉本伊信先生认为不眠不食太痛苦,会阻挠人求道之心,便把方法加以改造,使普通人也能够实践。

具体方法是:用一或二周时间隔绝工作、运动、入浴等一切外在刺激,如坐禅般面壁而坐,安静地反省自己的过去,围绕"对方为我做的,我为对方做的,我给对方添的麻烦"三项,从母亲开始,针对自己亲近的人逐一进行自我反省。内观疗法须有心理咨询师从旁诱发其进入自我反省的领域。每隔一两个小时,内观者会与心理咨询师简短会面交谈,每次谈话仅3—4分钟。

"感觉有点怪怪的。"东哲有些不自在地说道。
"这种疗法是很特别!"

内观较内省更具主动色彩,有调动自己积极反思的意思。中国古人认为内省是一种由内心深层向浅表的"悟",内观相反,是由浅表向深层的"看"。内观的过程会伴随更强烈的情感体验,是由情感带动认知改变。如果请一个人内省,似乎有忠告和居高临下之嫌,但是请一个人内观,是鼓励他向内找到自身的爱和力量。在日本,对前来接受内观的人都非常敬重——因为只有勇敢的人才敢于面对自我,敢于内观。

"哦,是这样吗?"
"内观疗法的治疗原则是:**打碎我执,恢复纯朴**。"

通过内观,可以去除一个人对自我的过分强调,可以使刚愎自用、难以相处的性格改变成纯真和自如。

"我执"本是佛教用语,意为自私、任性、执拗、傲慢、只从自己考虑等人性共同的阴暗面。"我执"是造成人生各种苦闷、烦恼的根源。

在内观时首先需要察觉自己的"我执",如果以内观的自我省察三个视角来看,就是要察觉到自己得到别人的恩惠太多,却一直未充分回报,反而继续带给别人麻烦,而自己的自我本位、放任、匮乏体贴心正是这些错误的根源。

内观疗法除了要求去察觉个人的错误,同时也强调要去察觉他人给予自己的爱。从正面去内观他人的爱就能回忆过去自己所遗忘的爱,并且去感受别人给予自己的爱。内观加深到了这个境界,就会放弃对于周遭人的偏见,感到人我融为一炉,体验到亲密合一。

内观的对象是同自己很亲近的人,如母亲等。我们同母亲的一体感往往是一种依赖和索取的单向一体感。把"亲人"和自己拉开距离，当做一个独立的人去看、去回想他们所施与的恩情与关怀时，过去那种模糊不清、未分化的人我一体感就会被打破。内观愈深，则人际关系也将变得愈明确而有分寸。

当内观者在内观过程中始终无法摆脱自我中心时，心理咨询师会提示他思考"对方做这件事情的时候，他的心情如何？"、"你这样做，对方会有怎样的感受？"让他站在对方的立场去看问题。因此，内观愈深，内观者愈能发现过去的自己太过固执己见，进而学会站在他人的角度了解他人。

小茶点 你有职业倦怠表现吗？

亲爱的朋友，如果近来工作让你感到有些疲惫，请先喝几口菊花茶，做一会儿伸展运动或是放松训练，让自己好好休息一下。再来做一做下面这个小测验——职业规划咨询师设计的"职业倦怠症"测试，帮助你了解自己的"职业倦怠表现"是否已经比较严重，需要引起重视，好好来一番调整：

1. 你是否感觉工作负担过重，常常感觉难以承受，或有喘不过气来的感觉？
2. 你是否感觉工作缺乏自主性，往往上级让做什么就做什么？
3. 你是否认为自己待遇微薄，付出没有得到应有的回报？
4. 你有没有觉得组织待遇不公，常常有受委屈的感觉？

5. 你是否会觉得工作上常常发生与上级意见不合的情况?

6. 你是否觉得自己和同事相处不好,有各种各样的隔阂存在?

7. 你是否经常在工作时感到困倦疲乏,想睡觉,做什么事都无精打采?

8. 你是否以前都很上进,而现在却一心梦想着去度假?

9. 你是否在工作上碰到一些麻烦事时就会急躁、易怒,甚至情绪失控?

10. 你是否在工作餐时感觉没食欲,嘴巴发苦,对美食也失去兴趣?

11. 你是否对别人的指责无能为力,无动于衷或者消极抵抗?

12. 你是否觉得自己的工作不断重复而且单调乏味?

以上 12 题均为三个选项:A. 经常;B. 有时候会;C. 从来不会。

把各题得分相加得出总分:选 A 得 5 分,选 B 得 3 分,选 C 得 1 分。

测试结果:

12—20 分,很幸运,你还没有患上职业倦怠症,你的工作状态不错,继续努力哦。

21—40 分,你已经开始出现了职业倦怠症的前期症状,要警惕,请尽快调整,你需要对自己的职业状况进行反思和规划,以提升你的职业竞争力。

41—60 分,你很危险,你对现在的工作几乎已经失去兴趣和信心，工作状态很不佳，长此以往极不利于个人的职业发展，最好尽快向职业规划方面的心理专家求助。

3. 适合中国人的心理治疗

"金子，"东哲思考着说，"你不觉得东西方心理治疗间差异很大吗？"

"可不是嘛！"金子点头道，"你看，我还专门做了一个对照表呢。"

表6-1 东西方心理治疗对照表

比较纬度	西方	东方
咨询关系	来访者追求平等，咨询师相对不扮演权威的角色。	来访者期待和依赖咨询师扮演专家等权威角色。
表达隐私	鼓励来访者尽量表达自己的心事、甚至坦白内心隐私。	不一定需要探讨来访者的心事，强调接纳，不去挖掘内心症结。
探索潜意识	受到精神分析模式的深刻影响，注重探索潜意识。	不强调探索潜意识，注重探讨意识层面的心理现象。
情感宣泄	注重情感宣泄和表露，鼓励充分表达个人的情感和愿望。	认为一个人要能适当地压抑自己的本能和欲望，才算成熟。
心身一体性	受二元论哲学影响，将心理和生理分隔看待。	受身心一体观影响，认为心理和生理层面可以相互调节。
科学/超自然取向	注重医学和心理学等科学取向的心理治疗，排斥超自然取向的民间疗法和宗教心理辅导。	不排斥超自然取向的民俗疗法（巫医、算命等）。

"嗯，不错，差不多把我想到的都概括进去了。"东哲满

意道。

"多谢鼓励!"金子微笑。

"对了,这里的东方、西方分别指哪些国家呀?"东哲问道。

"通常,西方主要指西欧和北美的一些经济发达国家,东方则指包括中国、日本、朝鲜等在内的亚洲国家。"

"喔……"

"心理治疗方法的差异根源于东西方之间存在着文化背景上的差异。"金子喝了口菊花茶,继续解说道,"你看,我做的东西方文化差异对照表——"

表6-2 东西方文化差异对照表

比较纬度	西方	东方
个人/群体取向	个人主义取向,强调个人权利与独立精神,尊重个人意见。	群体主义取向,不讲究个人自由,注重在家庭与群体中扮演适当的角色。
自我调控核心机制	根据事情本身好坏的客观事实判断,不管别人是什么反应。	根据别人的反应而定,被别人知道了不好意思,但别人认为不要紧,也就不感到羞耻了。
人际关系取向	注重个人,强调平等,反对强调上下级关系。	注重等级关系,强调上级、上辈的权威性。
人与自然关系	试图征服自然,改造和控制自然。	努力了解和顺从自然规律,与自然协调。
处事态度	开拓进取。	中庸和谐。

"嗯,有点意思。"东哲点头道,"不过——"

"不过什么?是不是你看到我们中国青少年尤其是在大城市生活的中青年白领们,他们身上兼具东西方文化的色彩?"

"就是。被你说着了!"

"所以,我们更要强调融合呀。"

通常我们所讲的心理咨询，主要指来自西方的现代心理咨询方法和心理学流派。心理咨询在西方发展了近一个世纪，借鉴西方心理咨询理论、模式和经验，可以帮助我们少走许多弯路，但在引进西方心理咨询模式的同时，必须考虑中国古代文化传统和当代社会文化背景的特点，进行一个消化、吸收、融合、再创造的"中国化"过程。

"哦？怎么个'中国化'法？"

(1) 认识领悟疗法

"改革开放后，在学习国外经验的同时，心理治疗的'中国化'就已经开始了。"

1988年，钟友彬先生的《中国心理分析——认识领悟心理疗法》一书出版，标志认识领悟疗法正式诞生。该疗法源于西方心理学的精神分析模式，将精神分析治疗原理与中国国情及人们的生活习惯相结合，进行了重新设计，故又被称为中国式的精神分析。

钟友彬先生认为，中国人至少有以下两方面的生活习惯，与传统认识、心理动力学的原理相近：

（1）相信幼年经历或遭遇对人的个性及日后心理健康有重大影响。俗话说："三岁看老"，就是指幼年和成年的心理特征间具有连续性。

（2）认为可以从成年人的观念、作风和行为中看出他幼年时代的生活经历和环境的影响。例如从小在农村和从小在城市长大的人，很多生活习惯乃至作风、观念都不相同。

综合上述情况，钟先生提出了认识领悟疗法的心理病理学说，认为心理症状的根源"在于儿童时代受过的精神创伤，这些创伤引起的恐惧在脑内留下的痕迹，在成年遇到挫折后就会再现出来影响人的心理，以致必须用儿童的态度，去对待本来不值得恐惧的事物"。由于症状都是幼年期经历的恐惧在成人身上的再现，因此症状的表现必须带有幼稚性，具有不成熟的儿童式的心理表现。认识领悟疗法通过对症状的解释使求治者改变认识、得到领悟而使症状得以减轻或消失。

钟友彬先生采用了精神分析学说的一些概念，如无意识、心理防御机制、早期创伤等，但他认为：病人对无意识和早期经验的领悟更多是由医生"创造"的，换句话说，病人领悟的，可能是虚假的东西，但只要病人相信了，症状就会缓解乃至消除。所以，在钟友彬看来，领悟的关键在于病人的相信，而不是找到真正的诱因。正因为这样，治疗的重点不在于旷日持久的分析，而是心理医生如何让病人"不疑"。

例如，对性变态求治者，会分析、讨论他们的变态性行为的幼稚性，并让他回忆儿童时的性游戏行为，说明他们是用幼年方式来满足成年人受挫的性欲，是幼稚和愚蠢可笑的。帮助求治者充分领悟自己的症状是幼稚的、不符合成年人思维逻辑规律的感情或冲动，是以幼年的方式来解决成年人的问题。然后分析是什么原因妨碍了他们的心理发育，逐步促使他们"放弃"这些幼年模式，用成人的行为模式来代替，使心理成熟起来。往往通过几次会谈，就可以使来访者达到领悟。

这一疗法的主要适应症为强迫症、社交恐怖症和某些类型的性变态障碍,如露阴癖、窥阴癖、挨擦癖、异装癖等,尤其治疗性变态障碍效果相当好。

"听起来,这种治疗方法挺简单嘛。"东哲评论道。

"简单吗?其实是巧妙!"

认识领悟疗法的具体做法是:

(1) 采用谈话法。每次会谈时间为 60—90 分钟。如来访者同意,可以有一位亲属陪同参加。要求来访者每次会谈后写下对治疗中解释的理解、体会、意见和疑问。

(2) 初次会谈侧重于了解症状是什么,表现形式如何,以及症状产生和发展的过程,并进行相关的预咨询。预咨询的内容包括:① 讲明来访者的 "病" 是可以治好的;② 治疗效果的好坏不仅取决于医生,更取决于来访者自己。来访者的主动合作是关键。③ 当事人的主动合作主要是对医生的提示、解释要联系自己的实际认真思考,融会贯通,并身体力行地付诸实践,所谓 "师傅领进门,修行在各人"。

"上面这些要点同你以前告诉我的,心理咨询如何起效果的要点很像嘛!"东哲联想道。

"嗯,所以说它巧妙嘛。因为这样不仅抓住了要点,而且为来访者按咨询师的指引达到'领悟',做好了层层铺垫!"

认识领悟疗法与精神分析疗法一样,承认无意识的心理活动,认为某些变态行为背后的心理原因是当事人所不能意识到的;承认幼年生活经历对以后的影响,尤其是创伤性经验,会影响个性形成,并成为日后心理障碍的种子。但认识领悟疗法的独特之处在于针对幼年创伤,重点不是回忆和挖掘具体事件,而是分析由创伤所造成的当前症状的幼稚性。也就是说,认识领悟疗法强调意识层面的领悟,不强调无意识内容的开掘。此外,它更重视自我教育,自我"修通"的作用,比如每次都让当事人写笔记。

"哇,承认无意识,却又强调意识;采用谈话法,讨论个人隐私,却又强调接纳,不挖掘内心症结,而且还重视自我教育。真是东西方结合!"东哲赞叹道。

"是呀,并且咨询师是以专家、权威的身份出现!东西方结合的典型吧。"金子微笑道,"还有一个典型的,就是——"

(2) 心理疏导疗法

南京脑科医院鲁龙光教授创立的心理疏导疗法,也是一种非常受欢迎的中国化心理治疗方法。与认识领悟疗法不同,心理疏导疗法常用于集体治疗。

所谓心理疏导疗法:就是指在诊疗过程中产生良性影响,对来访者阻塞的病理心理进行疏通引导,使之畅通无阻,从而达到治疗和预防疾病,促进心身健康的目的。

心理疏导疗法主要来源之一是我国中医,特别是《黄帝内经》中关于心理疏导的论述。《黄帝内经》中指出:医者要对病人"告之以其败,语之以其善,导之以其所便,开之以其所苦"。意思是说,医生一方面要激发病人的求生欲望,告诉他疾病有害需要认真对付,同时又指出他的病是可以治好的,增强他战胜疾病的信心;另一方面要教给病人调养和治疗的措施,同时引导他消除紧张消极情绪;这样病人才会很快好转。

心理疏导疗法主要来源之二是来自西方现代科学的控制

论、信息论、系统论。此三论是心理疏导疗法的支柱。其一，心理疏导治疗系统在理论上可以归纳出一个信息和控制科学的模型。它从整体出发，始终着眼于心理和躯体、机体和环境、生理与病理、整体与部分等之间的相互作用。其二，心理疏导治疗系统主要由医生、信息、病人三要素构成，以社会信息——语言作为治疗的基本工具，其治疗控制原则是信息转换和信息反馈。在制定治疗准则的条件下，依靠治疗反馈的作用，实现最优控制，取得最大效果。

"等等，"东哲叫停了，"怎么听着有点别扭。"
"是有点抽象，要不怎么叫科学方法论呢！"

心理疏导疗法遵循中医的心理疏导思想，针对来访者不同的病症和病情阶段，以准确、生动、亲切的语言分析疾病产生的根源和形成过程、疾病的本质和特点，教给来访者战胜疾病的方法，并激励来访者自我领悟、自我认识和自我矫正，促进来访者心理病理的缓解、消除症状，并帮助他们认清心理疾病的发生发展规律，帮助来访者改造个性缺陷，巩固治疗效果。

心理疏导疗法认为，"疏导"分"疏通"和"引导"两个环节。所谓"疏通"，是指咨询师与来访者之间通过信息收集与信息反馈，把来访者的心理症结、内心深处的隐情等充分表露出来。所谓"引导"，即在咨询师获取信息的基础上，抓住主线，循循善诱，改造病人的认知结构，把各种不正确的认识及病理心理引向科学、健康的轨道，这也是病理心理到生理心理的转化过程。"疏通"与"引导"是一对辩证的关系，"疏通"是为了正确的"引导"，"引导"是"疏通"的目标，只有两者达到统一，才能使心理治疗沿着正确、健康的方向发展。

心理疏导疗法可以治疗各类心理障碍患者,特别适用于强迫症及身心症患者。它能帮助心理障碍来访者将认识与行动相结合,调动治疗能动性,积极地实现病理心理向正常心理转化。

心理治疗创立近三十年来,对各类神经症、心身疾病及精神病康复期预防病情复发等进行系统的疏导治疗,疗效显著提高。经过数万例观察及部分随访及疗效鉴定,治愈率(痊愈或显著进步)达 85.7%(1984 年全国著名专家委员会鉴定)。达到了"以最少的信息,实现最优控制,取得满意的治疗效果"的最优化控制原则,取得了良好的社会效益。

"哇,效果这么显著!"东哲惊讶道。

"是呀,对我们心理咨询来讲,'有效'是硬道理,真知来自于实践!"金子诙谐道。

金子喝了口菊花茶,继续说道:"刚才介绍的这两个疗法,都是二三十年前创立的,创立者都是精神科医生,而且他们针对的帮助对象主要是心理障碍来访者……"

"你的意思是?"

"随着时代变迁,青年一代与城市白领的心态与 20 年前已大不相同,针对他们,我们心理咨询工作者需要作一些调整。"金子思考着说,"某些时候更西方化,某些时候更东方化。"

"比如说?"

"比如说,更加重视平等对待来访者,多尊重来访者的个性和价值观,少采取居高临下的权威姿态。"

"这是西方化,那东方化呢?"

"心理咨询与传统医学、养生学结合！心理咨询与艺术结合！"

身心一体、阴阳平衡、辩证施治等传统医学观念对我们中国人影响深远，气功等我国特有的养生保健技术蕴涵着深奥的心理学机制，把西方的心理咨询和与中国传统医疗和养生保健技术密切结合，可以使心理咨询行业更具中国特色，更受国人欢迎，以及为国人的身心全面健康作出更大贡献。

谈话疗法与艺术活动相结合，如绘画、音乐、舞蹈、戏剧等，很适合注重感性和直觉，擅长形象思维，而又较为内向，不愿轻易打开心扉的东方人。特别我们中国人有着"琴棋书画"陶冶性情的文化传统，对艺术疗法具有天然的亲和性。更何况，各类艺术活动本身就能放松心情、提高文化修养、丰富生活情趣，对生活忙碌的都市人来说，真是一举多得，何乐而不为呢？

第三篇
现代社会中的心理咨询

第七章 东西方整合趋势

"其实,"金子接着刚才的话头说道,"不仅中国心理咨询师在考虑如何整合东西方的心理治疗。全世界的心理咨询师都在考虑呢!"

"心理咨询不是从西方传到东方的吗?为什么西方咨询师反过来要同东方整合?"东哲关心道。

"这可是当前心理咨询发展的最新趋势哟,说来话长喽!"

"行,你慢慢讲。"东哲起身往两人的菊花茶里添上热水。

1. 短程疗法

"首先,是因为我们身处于后现代社会……"

1980年,美国未来学家托夫勒在《第三次浪潮》一书中指出,未来社会将因为科技发展而使人类生活产生空前巨变。人们将被迫面对更多的不确定性,"虚拟"将成为生活中无可避免的真实。因此,什么是事实,便成为后现代社会重要的哲学探讨。后现代思维倾向于主观、内容性的现实考虑,强调事件的多元意义。认为每种主观认识本身就是一种存在着的事实,而传统中所谓的意义都是人自己建构出来的。

由此,"真理"的概念在后现代社会受到了巨大挑战。20世纪末,生命和经验在科技的冲击下不断地转换;没有完整的自我经验,传统的真理不再成为支配人的信念。从后现代的观点来看,似乎不能从任何前置性的假定,说明真理和事实的存在。此外,后现代思维也不认为个人有能力单独、自我地存在,认为社会互动是人改变的依据。

西方心理咨询界原以为能为来访者的问题找出一个直接的因果链条,并用DSM分类标准来规范咨询师对来访者心理的理解。而到了后现代,心理咨询的基本假设却变成了:"人只能为自己建构真实。""科学无法再为心理咨询提供真理依据,来访者才是提供证据的主体。"(Stimpson,2003)换句话说,来访者对问题的看法是最重要的,来访者自身的经验是咨询主体。而依据"DSM分类"所作的诊断疏离于来访者经验之外,是主观武断的见解。

"喔……这下西方心理咨询师碰到难题了。"东哲点头道。

"嗯,他们也在做积极调整!"

1990年以来,积极心理学兴起,认为:"心理学不只是研究病态行为,也研究人的长处与能力;心理治疗不只是修补什么地方出错,也应协助个人建构正确的行为;心理学不只是讨论疾病/健康的问题,也包括了如何协助一个人建构

他的工作、教育、家庭等多方面的生活内涵。"（Seligman，2002）

积极心理学由美国著名心理学家赛利格曼提出并倡导。就其思想源头，它与马斯洛、罗杰斯等心理学家创立的人本模式心理学有着很深的渊源，认为心理学应该理解人是什么以及人可以成为什么，心理学必须肩负起人类生存与发展的重担，以促进人类发展为己任。

"积极心理学指出：**应将'以人为中心'的人性发展观，取代'以物为中心'的经济增长观。**"金子解说道，"西方社会物质不断丰富，但人们的幸福感、满足感、创造力并没有持续提高。20世纪下半叶，在经济发展进程中，出现了拜金主义、纵欲主义、精神空虚、信仰危机等全球性的精神危机。因此，克服现代化进程中的负面影响，重建人文精神，实现人的可持续发展，是当今时代对东西方心理学工作者提出的共同要求！"

"具体该怎么做呢？"东哲关切道。

积极心理学将心理学从关注疾病和弱点转向关注人的优秀品质，它有三个层面的含义：

其一，人的主观体验层面，积极心理学关心人积极的主观体验，探讨人的幸福感、满意感、快乐感、乐观主义态度和对生活的忠诚。其二，个人成长层面，积极心理学着重唤起人们积极的心理状态，如爱和工作的能力，积极看问题的方法，创造的勇气，和谐的人际关系，美感体验，智慧以及灵性等等。其三，积极心理学注重培养人们积极的心理品质，包括社会性、公民意识、利他行为和职业道德、家庭责任感、社会责任感等。积极心理学就是这样，通过关注和唤起人们在各个层面的积极状态,来重建人文精神,促进人类发展的。

"积极心理学认为:幸福与财富无关。幸福的人不一定是富人,一个穷人也可以是幸福快乐的。"金子补充道。

"是这样吗?!"东哲疑惑道。

"比如,有人专门调查了一些中巨额彩票的人,如果中彩票者原本个性抑郁,不快乐,那么他中彩票后通常会快乐半年左右,但半年后又会陷入不快乐之中,重新变得抑郁。也就是说金钱只能使一个原本不快乐的人获得暂时的快乐与幸福。从一生的角度看,金钱能导致的快乐是很短的。"

"哦?"

"积极心理学总结道:幸福与积极状态有关。处在积极状态的人不一定富有,但一定是幸福、快乐和乐观的!"金子甜甜一笑道。

"怪不得,我看你也不比我挣得多,整天笑咪咪,看起来可比我开心多了,敢情你总处在积极状态呀!"东哲调侃道。

"……扑哧"金子假装噘嘴,然后又忍不住笑出了声,"别打岔!下面讲的可是重点——"

1963年,正值美国社区心理卫生运动发展之际,短程疗法应运而生,最初目的在于为更多来访者提供帮助,以满足社区心理卫生需要。短程疗法并非单纯地缩短疗程,而是有相应的理论依据,以及治疗目标的改变。

正是后现代思维、积极心理学和短程治疗理念,共同催生了一种著名的,流行于当今西方的心理咨询短程疗法——焦点解决短期咨询。

焦点解决短期咨询从后现代思维"人只能为自己建构真实"和"人在社会互动过程中改变自己的认知"中受到启发,着力于协助来访者主动建构一个积极的、有希望的未来图景,以及相应的主动追求目标的思考、行为和策略。

焦点解决短期咨询从积极心理学"心理咨询和治疗不是去了解一个人何以会犯错,而是从'做什么'和'怎么做'的角度去协助一个人良好适应"理念出发,不探讨事件发生的原因,不催化来访者情绪的宣泄;而是强调肯定和鼓励来访者,重视来访者生命中的积极面,探索来访者的内外资源,协助来访者提取过去的成功经验中的要素,树立成功的信心,学习以新的建设性的眼光重新诠释生活中的困境与创伤,并确立可行的正面目标,配合立即的行动,最终帮助来访者催生内心动力,开启成功经验,迈出生命低谷。

"焦点解决短期咨询重视正面思考和未来导向,强调个人之所以产生问题,往往是问题解决的方式不当。比如,它认为,'例外'能带出问题的解决。"金子解说道。

不论遇到多么麻烦的问题,任何人都不可能无时无刻处在问题困扰中,总有困扰不发生的时候,这就是所谓的"例外"。"例外"常常可以做为问题解决的指引。比如,一对时常争吵的夫妻,可能都忘了他们也有不争吵的时候,协助他们去发现什么状况下不会争吵,就等于提供了解决问题的线索,提供了改变的契机。

"有意思!"东哲插话道。

焦点解决短期咨询认为，来访者有能力解决自己的问题，咨询师需协助来访者找出"例外"，让来访者看到自己的能力和资源，带出问题解决的可能。与此同时，采用焦点解决短期咨询的咨询师看重来访者任何的小改变，相信小改变会带来大改变，而来访者本身的改变又会引发他和周围其他人关系的改变。因此，咨询师会引导来访者去行动，让他的生活中产生一些哪怕是微小的变化，而这些微小的变化，就是解决问题的开始。

2. 整合疗法

"刚才讲到焦点解决短期咨询，来源于后现代社会的挑战和积极心理学的崛起。"金子继续解说道，"与此同时，随着时代变迁和心理咨询的不断发展，大多数心理咨询师都有一项共识：传统的四大模式和心理疗法，都是'相对真理'，只适合解释部分，而不是全部来访者的心理问题，所以——"

从20世纪50年代开始，便有人开始讨论心理疗法的整合。而它真正成为一种有影响的趋势，是在70—80年代之间。两个明显的标志是：具有国际影响的出版物《整合与折衷心理治疗杂志》正式刊行，以及相关学术机构"整合心理治疗探索协会"和"国际折衷心理治疗家学会"正式成立。

心理疗法整合的初衷，正是在于心理咨询师对单一心理疗法的信心开始下降。他们在研究和治疗中发现，真正起到疗效的，并不是各派疗法自己认为的那些元素，心理咨询师们越来越同意这样的看法：**制约心理治疗成功与否、最具决定性的因素是咨询师与来访者自身的特点和他们二者互动关系的特点，而不是咨询师所属的理论流派。**

当许多咨询师把注意力从治疗技术转向来访者的人格特点、需要、治愈的愿望，转向咨询师的态度、人格特点以及两者的咨询关系的时候，他们就不能不从原先某种特定的治疗取向中走出来，以更为宽广的视野去理解和思考问题，修正和扩充自己的治疗理论和实践。

"心理咨询师发现，过去自己局限在某种理论取向里，专心研究该理论取向自以为对心理咨询起疗效的那些理念和技术，其实是花了自己 80%的努力，对治疗效果只起 20%贡献的技能。"

"喔，原来整合治疗就是要走出治疗流派的条条框框。"东哲会意道。

"没错！请听菊花心语第十条：**心理治疗在理念层面的整合，就是用一种更宽广和原创的眼光来看待自己钟爱的理论流派和治疗技术，超越表面特质，发挥其中真正的精华所在。**"

以上所说的是理念层面的整合，心理治疗第二层面的整合是治疗技术的整合。这一整合源自一些心理学家对不同流派心理疗法治疗效果进行的比较，比较结果表明：不同疗法的确有一些特别适用的领域，在解决某些心理问题时，可能会比其他疗法更有效。但除此之外，在大多数情况下，各疗法没有显著差异，即找不到一种疗法优于另一种疗法的充分证据。既然各种心理疗法在总体的疗效比较上并无不同。于是，心理咨询师们便得到启发——各疗法如能相互吸收和补充，就可能起到增效的作用。

"能确定是增效，不会犯冲吗？"东哲疑问道。

"你想得真周到。"金子扮鬼脸道，"在技术层面的整合又叫作'折中'疗法。折中了，就不犯冲喽！"

据调查，目前西方采用折中疗法的心理咨询师高达55%，而采用其他疗法比例均较低。所谓折中疗法并非代表某种具体的方法，而是一种心理治疗在技术层面的整合取向，即不注重治疗方法的理论体系，关注治疗效果根据来访者的特点、症状及问题，选用有研究结果支持和临床经验证实的各派心理疗法中最有效的手段和方法，并将它们组合在一起，以达到最佳疗效。

"抓到篮子里就是菜啊。"东哲还是有点不放心。

"也不是这么说，'折中'有章法可循。"

咨询方法的选择，因人因事因时而异，就像是"一把钥匙开一把锁"，具体来说：

1. 不同的问题选择不同的方法；
2. 不同的阶段实施不同的方法；
3. 不同的对象采用不同的方法；
4. 咨询师本人不同的专长和经验影响方法的选择；

盲目地整合并不能提高治疗效果，咨询师需要长期实践各种不同方法，熟练运用，懂得各种治疗方法生效的特异因素，才能游刃有余地灵活选择方法，来配合来访者的特点和需要，以最经济的方法达到最有效的结果。

"正是在这波'整合运动'中，西方心理咨询界开阔了视野，瞄上了我们东方心理疗法。"金子幽默道。

"哦？"

西方心理咨询界对东方哲学思想、治疗理论和养生技术的研究和实践日益广泛和深入，在美国，针灸、心理治疗和气功身心并治法（整体治疗法）已经进入教科书。

美国心理学家史蒂文·黑兹开创了一种治疗心理和精神疾病的新疗法———接受与实现疗法（简称 ACT 疗法），成为继行为疗法、认知疗法后，美国兴起的第三波心理疗法。这种新疗法主张拥抱痛苦，接受"幸福不是人生的常态"这一现实，然后再建立和实现自己的价值观。ACT 疗法在治疗抑郁症、上瘾症、癫痫病等精神类疾病方面都取得了不俗的成绩。

"所谓'接受与实现'，与禅的精神异曲同工。与森田疗法'接受痛苦，为所当为'如出一辙。"金子评论道。

美国华盛顿大学玛莎·丽娜翰教授则创立了辩证行为治疗（简称 DBT 疗法），在治疗过程中主要的策略是接受（阴）与变化（阳）的平衡。

"这不就是道家思想吗？"东哲惊奇道。

"对呀，不仅如此，它还让每位来访者都进行'正念训练'——其实就是坐禅！"金子点头道，"不过，东西方心理治疗最彻底的整合还是在后人本心理学中。"

"哦？后人本心理学。"

3. 后人本心理学

以马斯洛和罗杰斯为代表的人本主义心理学被称为心理学的第三种力量。而由马斯洛在他中年以后提出的"后人本心理学"（Transpersonal Psychology，又译为"超个人心理学"），被称为心理学的第四种力量。

马斯洛在《存在心理学探索》一书中写道："我认为，人本主义的、第三种力量的心理学是一个过渡，是向更高层次的第四种心理学发展的预备阶段。第四种心理学是超越个人的、超越人类的，它超越了人性、自我同一性和自我实现等概念，是以宇宙为中心，而不是以人的需要和兴趣为中心。"

马斯洛还明确提出了"超越性需要"的概念。超越似乎意味着自我的部分丧失——能量从自我迁移——以成为更伟大的存在的一部分。他说，"我们需要某种'大于我们的东西'作为我们敬畏和献身的对象。"这"大于我们的东西"有些人称之为"人性"（Humanity），有些人称之为"神"（God）。

"其实'人性'也好，'神'也罢，都是一个意思。"

"是不是就是你常说的那个'灵性'？"

"对！"金子点头道，"请听菊花心语第十一条：灵性就是整体性。菊花心语第十二条：超越'自我实现'，也就是进入了更大的'自我实现'。因为，你将感应到一个更大的'我'，感应到一个更高层次的整体。"

"好玄啊，金子，我有点头晕！"东哲夸张道。

"怎么啦？"

"高空反应。"

"耐心点,听我说完。"金子认真地说道。

马斯洛提出了人性发展的更高可能性,为心理学指出了新方向——达到人性发展的更高目标。为达到这一目标,西方心理学需要研究人类意识和知识的新领域,在转向后人本心理学时,西方心理学势必要扩大它的范围,把以前作为宗教思想的人类学以及玄秘术:如高峰体验、东方哲学、人体特异功能等的研究都包括进去。近年来,正是对后人本心理学的广泛兴趣,引起了心理学主要概念的重新组合,为东西方心理治疗最终的整合打开了大门。

"金子,你不觉得马斯洛讲的话有点空吗?"东哲略带迟疑道。

"也许是来自他的切身体验吧!有些体验,言语难以清晰传达。"金子思考道,"马斯洛所讲的'超越自我实现者',很像各门宗教所颂扬的得道者。比如,马斯洛提出,达到超越层次的人,最不可缺少的特征就是帮助别人。"

"哦?!那你以后可要多帮助我!"

"最高的帮助就是帮助你超越'自我实现'。所以,是你要多帮助我!"

"嗯?!"东哲有点被金子绕晕了。

第八章 艺术走近心理咨询

"哇,今天天好热!"东哲一进房间,就禁不住擦起了汗,"金子,快帮我泡杯菊花茶。"

"好呀。怎么啦,出这么多汗,走太快了吧!"金子关心道。

"嗯。"东哲从口袋里掏出两张票,"凡高艺术展,明天下午开幕,我刚排队买的头场票!"

"太好了!我们一起去!"金子惊喜道,"原来你也喜欢凡高!"

"还好吧。听说他是个疯子,我觉得挺有意思,想去看一看。"东哲淡淡说道。

"正巧,我最近正在看凡高的画册,我在研究——"

1. 绘画与美术治疗

"你想研究凡高为什么会发疯,对不对?"东哲抢先道,"是因为画油画画出来的吧!听说,大艺术家有好多都精神不正常。"

"也不能这么说。"金子说道,"就拿凡高来说,画画恰恰对他起到了释放情绪和缓解压力的自我治疗作用。"

"哦?!"

数万年前,人类就开始了绘画活动,并以此传播知识、表现情感、陶冶情操。然而,把绘画活动与人的身心健康结合起来进行科学研究还只是近两个世纪以来的事情。研究中发现,绘画能影响人的生理活动,特别是情绪活动。因此,人们就能够用绘画来改善和调剂人体的生理和心理功能,进而达到治疗疾病、增进健康的目的。

19世纪末20世纪初,欧洲精神病院中患者的艺术作品引起了很多人的兴趣,他们认为,病人的绘画可以用于心理病理学诊断。绘画疗法最早源于20世纪初对精神病艺术家的研究,如Jaspers、Riesc等对凡高作品的研究。

文森特·凡高(1853—1890),个性狂放、行为不羁,用独具一格的笔触、线条和极为绚丽的色彩描绘他所热爱的世界。1853年3月,凡高出生于荷兰乡村的一个新教牧师家庭,1890年,他在精神疾病状态中开枪自杀,时年37岁。凡高一生穷困潦倒,他活着的时候,仅卖出过一幅画。

精神病学家通过凡高的画作和传记,分析出他生前患有"躁狂抑郁症"。

"喔?"

"这是一种严重的精神疾病,患者会出现幻觉和妄想。突出的表现是在躁狂期一连几周时间情绪高涨、心情亢奋,精力异常充沛,然后突然又转变到了抑郁期,一连几周时间自卑自责、沮丧无力、悲观绝望,整个人显得毫无活力。患者就在这两种状态中转换,没有中间地带。像这样的精神疾病,需要采用药物治疗。"

1888年,35岁的凡高从巴黎来到法国南部小城阿尔。在这里,凡高找到了他心目中的阳光、麦田和向日葵,进入了他的创作高峰期,短短15个月,就创作了近200幅作品,著名的《向日葵》系列组画就是创作于这一时期。

从精神疾病学的角度,后人认为《向日葵》系列正表现了凡高在"躁狂期"情绪高涨的精神状态。他的生活虽然坎坷不幸,但在《向日葵》系列中,凡高用强烈的色彩、饱满的笔触,为我们展示了这种生命力旺盛的"太阳之花"。在画中,我们似乎能看到生命的舞动与燃烧,感受到充沛的生机与活力。

图8-1 凡高:《向日葵》

"啊,真美!"东哲望着金子打开的画册,由衷赞叹道。

"《向日葵》组画对凡高来说,具有特别的意义。"金子轻轻说道,"他认为,向日葵象征太阳,黄色象征友谊与希望,而这些画象征感谢。"

"感谢什么?"

"应该是……感谢生命,感谢生命带给他的幸福……"金子思索着说道,"你再看这一幅——"

图 8-2　凡高:《麦田群鸦》

"颜色还是很漂亮,不过气氛有点怪!"东哲评论道。

"不仅是怪,简直就是诡异!这幅画名叫《麦田群鸦》,画于 1890 年凡高自杀前不久!"

这幅西方美术上的名作《麦田群鸦》,在意象和技巧的处理上,透露出凡高对自己死亡的隐喻。之后不久,处于抑郁状态中的凡高,真的来到这样一片麦田中自杀,枪声响处,惊起麦田中的群鸦!

"可悲啊,一位天才就这样陨落了!"东哲惋惜道。

"要我说,如果当时凡高能遇上专业的绘画心理治疗师,就不会这样孤独抑郁,也不会这样悲惨地去世了。"

"嗯？！"

"因为心理治疗师能看懂他《向日葵》中心灵的状态，看懂他《麦田群鸦》中死亡的隐喻，从而给予及时的援助和预防！"

绘画心理治疗兼具诊断与治疗的两重性。一方面，绘画是评估人格的一种技术，因为从绘画中可以看出一个人的冲动、焦虑、冲突。另一方面，绘画也是表达思想和情感的工具，来访者和治疗师通过来访者绘画中的符号和视觉语言进行沟通，触摸来访者内心的伤痛、转化来访者心灵的创伤。

绘画疗法包括创作者、作品、心理咨询师三者之间互动的过程。绘画为来访者和咨询师之间的交流提供了一个良好的沟通渠道。同时，绘画还能帮助咨询师评价来访者的成长和发展状况，从而帮助来访者解决在创伤、情绪困扰等方面的问题。

绘画治疗是以非言语性交流为主，对有语言交流障碍的来访者和用语言表达情感有困难的来访者尤为适用。

绘画可以描绘出难以用语言表现的梦、情感、无意识等潜在过程，以绘画为媒介，来访者可以重新观察自我，接触到不为自己所知的感受、并创造性地将它们整合到人格里，直至发生治疗性的变化。

"一个人的阴暗面更容易通过艺术来表达。"金子补充道，"艺术本身是符号性的，来访者可以自由表达自己的愿望和困扰，这种表达具有隐蔽性，因而可以不必顾忌别人的眼光。那些不被社会道德标准接受的思想、情感和冲动，就能在这里被个体所觉察和接受，并实现生命能量的升华。"

"噫,这是精神分析派的语气嘛。"东哲敏锐地说道。

"没错!精神分析流派对绘画治疗有很大影响。"

精神分析治疗大师弗洛伊德和荣格都曾潜心研究绘画等美术作品,相较于语言,绘画的表达更具象征性,更少防御性。就像在梦境中那样,无意识中的内容常会在绘画过程中涌现。

弗洛伊德提出,绘画可以疗治心灵创伤。我们的创伤记忆很可能被我们压抑,用语言无法提取,从而难于治愈。其中一些情绪体验很难用语言描述,也就无从治疗。而绘画是一种离心灵很近的过程,曾经经历创伤的人,右脑中往往印刻着很多的痛苦图景与情绪,而绘画治疗可以不经过左脑(语言功能在左脑),直接作用于右脑,起到得天独厚的治疗效果。

通过绘画,每一个人都可以像艺术家一样去表现自己的情感,绘画对于调整人的心态、释放人的负面情绪,能起到良好的效果。近年来,世界各地许多社区、俱乐部和康复机构,都开始进行绘画康复活动。例如,高血压症患者进行绘画活动能使血压降低10—12毫米汞柱,解除烦躁情绪。

有经验的治疗师还会结合放松训练、情绪宣泄、认知重建等一系列专业的心理治疗技术,使来访者尽快得到康复,恢复正常生活。

"不仅是绘画,各种形式的美术,都可以像绘画那样结合成心理治疗。"

美术包括绘画、雕塑、陶艺、捏塑、拼贴、书法等多种艺术形式,这些艺术形式都可以与心理治疗结合,成为美术心理治疗。除了具备绘画心理治疗的大多数特点外,各种形式的美术治疗都具有各自的优点和特色。例如,雕塑治疗使来访者获得从三维角度观察事物的体验,鼓励来访者拓展观察生活的视野。使用粘土进行的捏塑,则鼓励来访者自由地表达和发泄情绪,并体验到主控的感受。对杂志中的图样进行剪切后进行拼贴创作,则让来访者减少防御,感到比绘画更为安全和放松。

"好玩好玩。"东哲开心道,"金子,你有粘土吗?嗯……我最近情绪有点压抑,什么时候给我作一下粘土治疗。"

"你想玩就直说呗!"金子扮鬼脸道。

2. 音乐与舞蹈治疗

"如果听觉比较敏感,音乐治疗对一个人情绪的调节往往效果更快,更直接。"金子微笑道。

"我确实有点抑郁。"东哲认真道,"那好,你给我听什么音乐?"

"想听音乐啦?如果是因为疲劳而感到有点抑郁,推荐你听维瓦尔第的《四季》。如果是因为遇到挫折而悲伤抑郁,可以先欣赏西贝柳斯的《悲痛圆舞曲》,或是柴可夫斯基的《悲怆交响曲》,先使抑郁的心情与音乐同步,然后再引入情绪明朗快乐的乐曲,比如《蓝色多瑙河圆舞曲》……"

"这些我都没听过!"

"那你平时听什么音乐?"

"流行歌曲咯！最近还在听摇滚。"

"唉呀。"金子叫出了声，"摇滚你可别听了，越听越抑郁呢！"

"别吓唬我！"东哲不相信地说道。

"不和谐的音乐要少听！音乐通过我们的听觉，直接作用到大脑，影响脑电波和脑神经的平衡。你知道嘛，音乐就是药，是'音药'！"金子非常认真地说道，"我在咨询中遇到过很多例青年来访者，情绪抑郁、烦躁不安，问他们爱听什么音乐，都说是摇滚乐，还说可以发泄情绪。我建议他们改听古典音乐和轻音乐后，他们的情绪明显变得积极、稳定。"

"可我是不高兴在前，听摇滚乐在后！"东哲还是有些不相信。

"没错，这是一个因果循环。心情烦乱时听摇滚乐，会形成恶性循环，脑波很难恢复均衡状态。"金子恳切地说道，"快别听了，等下我把维瓦尔第的《四季》借给你，你回去听上两天，准能好！"

"听两天？"

"每天早晚两次，每次40分钟。"

"还真像吃药呀。好吧，我听就是！"东哲笑道，"原来音乐治疗就是听'音药'……"

"音乐治疗可不只是听'音药'噢！"金子赶忙纠正道。

音乐治疗的三要素包括：来访者、咨询师和音乐。在组织形式上，音乐治疗分团体治疗和个别治疗两大类。在具体治疗方法上，音乐治疗分接受式（在咨询师指导下欣赏特定的音乐等）；再创造式（演唱或演奏）和即兴演奏式三类。

"明白了，我得在你的指导下听'音药'！"东哲调侃道。

与绘画等艺术治疗不同，音乐除被应用于心理治疗外，还被应用于身体医疗，例如用于镇痛、放松和治疗心脏病、高血压、关节炎、胃肠神经失调等。音乐在人的生理层面可以产生各种影响，它可以影响心律和血压，影响内分泌和体内重要的生化物质（如脑内啡肽、免疫蛋白质等）的分泌。此外，音乐可以直接影响我们的脑波。当音乐使一个人的脑波进入到低频，会使一个人从紧张中缓解、甚至进入冥想状态。与此同时，全身的肌肉和筋骨，都进入休眠状态，内脏器官也在平静的律动下运作，对恢复体力、养生来说有莫大的助益。

在心理层面，不同的音乐可以直接引发我们产生不同的情绪反应。此外，在心理治疗中，音乐也是来访者和治疗师之间独特的人际沟通手段。

"多听和谐的轻音乐和古典音乐，除了审美、培养高雅情趣之外，更重要的是，在生理层面，可以促进我们的身体机能良好运作，在心理层面，可以促进我们的愉悦感，强化积极向上的心态。"金子强调道，"所以，要听就听好音乐！"

音乐治疗正式成为一门学科并得到迅猛发展，是在二战后的美国。然而，音乐用于治疗，其实是自古有之。在人类原始部落中，音乐活动占有十分重要的地位，部落中的巫医实际上兼有沟通神灵、掌管音乐和充当医生三个职责。古希腊传说中，阿波罗神就同时掌管音乐和医疗。

在我国中医经典《黄帝内经》中，也早已指出音乐对身体健康的重大影响，并提出"五音入五脏"的观点。

"这个我知道,来自易经中的五行原理。"东哲道,"比如,'宫'音在五行中属土,脾脏在五行中也属土,所以常听'宫'音可以滋补脾脏。"

"你说得一点不错!看不出,你还挺有传统文化修养嘛。"金子惊喜道。

"还好还好。"东哲有点不好意思,转开话题,"金子,我一直想学一门乐器。有什么乐器比较方便即兴演奏?"

"你是想问我,有什么乐器比较好学吧?"

"对,能够很快学会、方便即兴发挥的,有什么乐器?"

"音乐治疗中的'即兴演奏',采用的乐器多为一些简单的,不需经过训练即可演奏的节奏性和旋律性打击乐器。"金子介绍道,"比如各种鼓、三角铁、小金属擦、木琴、铝板琴等等……"

图8-3 "即兴演奏"用的打击乐器

"这些乐器也太简单了,我情愿花几个月时间学点演奏技巧。"东哲说道。

"花几个月时间?那你可以学电子琴、民谣吉他,还有口琴也不错。不过,像这样子学乐器在音乐治疗中可是归属于'再创造式',而不是'即兴演奏式'哟!"金子提醒道,"你不要小看这些小型打击乐器,正因为它们不需要训练就能演奏,才能避开音乐表现中的常规套路,在咨询中带出真正的

'即兴演奏',真实传达一个人的内心律动!"

"东哲,"金子突然想起了什么,"我记得你好像说过,你在大学里学过两个学期现代舞。"

"嗯。好久没跳了!"东哲点点头。

"舞蹈治疗正是来自于现代舞的启发!"

"哦?舞蹈治疗?"

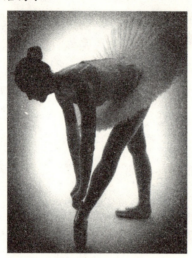

图8-4 舞蹈治疗师

舞蹈治疗是又一种创造性的,令人感到身心愉快的心理治疗方法。1941年,玛丽安·奇思受到邓肯、玛莎·格莱姆等现代舞舞蹈家的动作形式与动作观念启发,创立了舞蹈治疗,后又发展成立了舞蹈治疗协会。

舞蹈治疗的心理学理论依据来自精神分析模式,针对现代人的压抑和焦虑,以及精神疾病、心理障碍,舞蹈治疗采取了又一种非文字的交流方式,来访者用动作诉说,治疗师用动作回答。舞蹈作为一种治疗工具,其假设是通过身体的律动反映无意识心理的状态,内在的冲突与问题从潜意识层转到意识层。与此同时,舞蹈治疗认同"身心一体性",

认为舞蹈治疗涉及身体的、情绪的、心理的和灵性的层面。通常，舞蹈治疗被认为适用于整合来访者的认知、情绪、社交以及身体发展，建立自尊与自我认同。常用于治疗心理障碍者、慢性病患者、残障人士、监狱服刑者、曾受虐待者、有学习障碍的儿童等。

舞蹈是人类对音乐与韵律的一种本能反应，自古以来，人们用舞蹈来表达强烈的情绪。来访者采用舞蹈治疗，不需要具备任何舞蹈基础，强调自由地律动，以表达真实的情感。治疗师则运用舞蹈技巧，引导来访者与自己接触，通过动作与知觉，帮助来访者更了解自身的感情。

"参与舞蹈治疗，开始动作前，先要暖身：首先，治疗师会了解你的需要，以及你想要治疗的理由。接着，治疗师会要求你走向前台，分析你的体形、姿势和动作。最后，治疗师和你讨论治疗目标，对治疗的性质和次数达成协议。接下来才是正式开始。"金子解说道，"舞蹈治疗运用于个别治疗时，治疗师提供的是一个心理上安全的场所，让当事人表达情绪。运用于团体治疗时，治疗师则负责提供情绪支持，提升沟通技巧和提示合宜的身体界限。"

个别治疗正式开始后，第一个步骤是在音乐的背景下进行自由舞动，治疗师会带动来访者，但他的动作不能超过来访者，而是在来访者舞动的同时寻找来访者的动作，模仿来访者的动作，与来访者进行动作对话，让来访者感到一种成就感，感到自己被人信任和肯定。当来访者有足够的安全感时，就能够开放身体的"诉说"。

"舞蹈治疗师一定都是一些美丽的舞蹈家……"东哲遐想道。

"对！舞蹈家胜任这项工作是因为擅长模仿别人的动作。就像音乐治疗师往往培养自音乐高手一样，舞蹈治疗师必须具备深厚的舞蹈功底。"金子肯定道，"不过，在治疗过程中，要求治疗师的动作不能比来访者还漂亮，反而要把自己放在次要的位置上，鼓励来访者多表现自己。在治疗中，舞蹈动作不分好坏，关键是，舞蹈治疗师要在来访者的动作和双方的互动中发掘来访者的症结所在，并找到相应的疏导方法……"

3. 意象对话治疗

"我好想现在就做艺术治疗！金子，你什么时候能找点粘土、找两只口琴，或是变身成舞蹈家烘托我的现代舞？唉呀，你能不能快一点。"东哲撒娇道。

"想要快一点吗？好，那请你闭上眼睛。"金子温和地"命令"道。

"干嘛?!"东哲边说边闭上了眼睛，"要送我礼物吗？"

"对，我要送你音乐和美景。你舒服地坐好喔……记得跟随我的声音。"金子的声音变得愈加轻柔，"想象你躺在山坡的草地上，四处弥漫着花香，你遥望着天空。

"远处传来寺院的钟声，声音是如此纯净而轻盈，乘着大气，进入你的耳中。那是属于你的声音，它能唤醒你内在的未知世界以及隐藏的喜悦。

"此刻，你再度听到钟声，声音更加洪亮，好似在你体内共鸣，有意唤醒你沉睡中的潜能。然后注意到那钟声逐渐消失，专注于钟声归于寂静的那一刻。

"又一次，你听见那钟声响起。那声音离你更近了，你几乎可以感受到它在你的细胞里和你的神经末梢上颤动,即使只是一瞬也好。容你自己变成那纯净、无限、跃动的声音……"

图 8-5　东哲想象中的鲜花山谷

停了好一会儿,金子轻轻说道,"好,现在回到这个房间,当你觉得舒服的时候,睁开你的眼睛。"

东哲睁开了眼睛:"金子,我刚才是不是被你催眠了?!我觉得自己来到了一个阳光明媚、开满五彩鲜花的山谷,群山环绕,远处有雪山,近处是一个清澈见底的湖泊。我还听到了寺院的钟声,敲了三次,钟声特别空灵,而且无所不在,弥漫到空气中,渗透进身体里。"

"你现在感觉怎么样?"

"很舒服,心很静。就好像我还躺在那里,眺望着天空和群山。"

"还想玩粘土吗?"金子调皮道。

"这会儿不想。唉,真舒服。"东哲很不情愿地回到现实中,"我平时心总静不下来,注意力容易分散!"

"哦。来,再请你闭一次眼睛。"金子轻声说道。

东哲往椅背上一靠,轻轻合上了眼睑。

"假想你手中握着一把弓箭。"金子的声音清晰有力,"看到了吗?"

"看到了。"

"好,感觉一下你稳扎的双脚。"金子接着问道,"感觉到吗?"

"感觉到了。"

"好,现在你一手握弓,一手拉弦,再感觉一下弯曲的手肘以及拉紧的肌肉,前面靶子历历在目,将你的箭尖对准着它。"

等了一会儿,金子继续说道,"此刻弦已拉满,体会一下这个姿势所蕴涵的力量。你只需一松手,那股力量便会将箭送至目标。你可意识到这一'放手'所释放的力道?"

"意识到了。"东哲回应道,声音中透出几分坚毅。

"现在把箭射出,目送它一心向前,无所动摇的力道,毫不迟疑地向目标奔去,直到刺入红心。"

"……唉呀,偏了两公分。"东哲惋惜道。

"没关系。保持你的平静和自信,再射几支箭,每射一次时,体会一下你自己内心专心一致,无所动摇的力量。"

……

"金子,你可真神!"东哲对金子刮目相看。

"感觉不错吧!"金子微笑道,"其实,不能全归功于我,意象治疗对想象力丰富的人特别有效。"

"意象治疗?"

"刚才听钟声那一段,我就是在引导你产生视觉、听觉、皮肤触觉等各种感觉的意象,至于练射箭那一场,我还在意象层面上与你对话呢,至于对培养专注力的效果嘛,多做几次你就会发现了。"

"我已经发现了。"东哲认真道。

"哦？这么快?！看样子这个方法很适合你！"金子欣喜道，"意象疗法是一种东西方整合疗法。而且无独有偶，在东方和西方分别有两位心理学家独自创立了这一疗法，虽然对原理的解释各异，但在技术层面，却极为近似。"

意大利著名心理学家罗伯特·阿沙鸠里，早年投身精神分析，被弗洛伊德誉为本世纪意大利心理学界的泰斗，后来，他整合了马斯洛的人本模式、后人本模式以及东方哲学思想，自创新心理学体系——"心理综合学"——为人们贡献了自我意象治疗、自我子人格分析等实用的心理学技术、协助人们整合内在不同的自我层面，开发身心潜能。

"我刚才那两招，就是从阿沙鸠里那里学来的。"金子"揭密"道。

"喔……"东哲浅浅一笑。

无独有偶，70年后，中国心理学家朱建军，于20世纪90年代，创立了中国的意象治疗——意象对话技术，并进行了大量意象治疗实践。不同于阿沙鸠里对超越性境界的强调。朱建军认为，他的意象对话技术主要源于精神分析理论，尤其是荣格的集体无意识理论。

朱建军认为，人的心理有不同的层面，行为是最外的层面，人的逻辑思维在中层，人的原始认知在深层。人的心理的各个层面是相互联系的，改变任何一个层面都可以改变整个人。如果说，精神分析是一种"上对下"的心理治疗，那么，意象对话技术就是一种"下对下"的治疗。在意象对话中，咨询师和来访者都使用着意象这种原始认识。治疗者和来访者仿佛潜水教练和潜水者，两个人共同潜入来访者心灵的深处。

朱建军认为,意象连接着情绪,可以通过意象来唤起或改变情绪。从意象的角度看心理障碍,在心理障碍的形成之链上,意象是其中关键的一环。正是消极意象的存在,进一步引起了情绪、认知和行为异常,最终产生心理障碍。有心理障碍的来访者在进行想象时,所想象出的意象以象征性的方式反映出他们的情绪状态和内心冲突。因而,心理咨询师可以诱导来访者改变心理意象,打破恶性循环,最终消除心理障碍。

朱建军认为,意象对话技术适宜治疗各类心理障碍患者,但不适用于精神分裂症等精神疾病患者。此外,由于儿童想象力丰富、形象思维占优势,对儿童进行意象治疗,效果尤为显著。

"你觉得呢?你更赞成他们谁的解释?"东哲问道。

"我觉得他们两位讲的都挺有道理,可能是不同层次的理解吧。"金子中肯地说道,"其实,简单一点来看,意象治疗的原理与艺术治疗最接近。同样是调动右脑形象思维,激发无意识中的内容进入意识,同样是咨询师和来访者在形象思维的层面进行'对话'。所以,我把它归入艺术疗法。"

"唉,我小时候,想象力才丰富呢,要能做做意象治疗该多好!"东哲突然惋惜道。

"唉呀,现在做不也挺好吗?现在你的想象力仍然很丰富,超出平均水平呢!"金子鼓励道。

"唉,你不知道,我小时候,苦恼可比现在大多了……"东哲叹了一口气,讲起了自己小时候的事。

出乎金子的预料,随着东哲生动的叙述,金子眼前浮现

第八章 艺术走近心理咨询

出了一个异常顽皮淘气的大男孩——

这已经是第三次被老师罚站了。这个星期是被罚站最多的一次，小东站在教师办公室的卷柜后面，听着老师聊家常，谈论各班奇闻轶事，他也在不停地变化着站立的姿势，或倚着柜子，或蹲着，稍有动静，就马上站好。老师们一个个去上课了，小东拿出钥匙，饶有兴趣地对着卷柜的每个锁挨个试起来。

今天被罚站是因为他趁老师在黑板上写习题时，躲到讲台下做鬼脸，弄得全班哄堂大笑。他个子很高，本来坐在倒数第二排，因为上课总是不老实，每堂课最多能认真上十几分钟，剩下的时间就开始"自由行动"，和前排的吕越下棋，用手掌机打游戏，把后排的张成鞋子脱了，影响大家上课。老师照看不到，就把他从倒数第二排调到第一排第一桌，一个人坐一桌，一有小动作，老师就会扔粉笔，或敲一下他桌子，严重时就会被罚站。

上个月，他和同学打赌，爬上了学校校办工厂的锅炉塔，被学校点名批评并记过一次。好几次老师找了家长，他收敛几天，过后，还是老样子。不过，他的成绩在全班却能排到前20名。在开班会的时候，吴子英说他肯定是回家偷着学，其实小东回家根本不学，经常连作业都不写，全凭每堂课上听讲的十几分钟。班主任杜老师说，过了初二再这样，成绩会越来越差，课程也难了，进度也加快了。就快期末考试了，小东的状态还是没有任何改善，今天他又被罚站了，又是一整天没听课，他仍神情自若，在尝试着打开每一个卷柜的门锁，他闲不下来，也从未想过能不能打开这些门锁。只有等他烦了，没兴趣了，他才会停住，那时又会有新的目标引起他的兴趣。

"原来你小时候这么好动。"金子平静地望着东哲说道。

"其实我也不想这样。但是心就是静不下来。回家看见作业根本就不想写,上课坐在那里不动一下就浑身难受。再说,老师上课也挺没劲的,哪有下棋打游戏好玩。还有那个张成腿太长,脚一直往前伸,都超过我的凳子了。我脱他鞋子也是为了提醒他别总踢到我!"

"可你那时已经是初中生了,你那可不是一般的淘气呀。"金子关心道,"你爱和其他同学打架吗?"

"打架倒没有,我和同学们关系还不错。"东哲摇头道,"大人都说我晚熟。其实我当时真是说不出来的一种不舒服,感觉就像是心里长了草。这种情况,到了高中才慢慢好转。我觉得,主要是受家庭影响!"

"哦?"

"我小学和初中的时候,爸妈吵架很厉害,我总担心他们要离婚。心里很慌很害怕。"东哲皱眉道,"到我高中以后,我长大了,他们吵架也少了,我慢慢也不担心他们会离婚了……像我小时候这种情况,是不是该用意象治疗?"

"儿童来咨询通常采用儿童游戏治疗。不过,像你小时候那样坐不住呀,恐怕用不了意象治疗!"

"什么是儿童游戏治疗?"

4. 儿童游戏治疗

12岁以下的儿童,语言表达能力不强,面对心理咨询师时,很难准确地表达出内心的感受和需求,所以适合采用游戏治疗。所谓游戏治疗,就是指以各类游戏作为诊断和治疗的中介,借助游戏来进行心理咨询。"游戏"在游戏治疗中的角色，就像绘画治疗中的绘画，音乐治疗中的音乐一样。

游戏和模仿是儿童的天性。采用共同游戏的方式进行连续性的心理辅导，往往能为儿童所接受，起到良好的治疗效果。常用的游戏包括说故事，让儿童看图讲故事，提供各类玩具和美术材料供儿童自由取用，咨询师则在旁陪伴、观察、适当引导儿童。

游戏治疗并非某一咨询学派的特有方法，而是一种可以灵活运用的治疗手段。20世纪20年代，精神分析派心理咨询师家首先将游戏用于治疗有心理障碍的儿童，称作"游戏分析"。"游戏分析"认为，游戏是一种象征的方式，儿童通过游戏表达自己无意识中的幻想、愿望和经验。咨询师通过观察理解儿童游戏的意义，通过交流帮助儿童领悟内心的冲突。

20世纪40年代，人本模式开创者之一罗杰斯的高徒阿克斯兰首次将人本模式应用于儿童治疗，创立了非指导性游戏治疗。非指导性游戏治疗不看重游戏活动的内容，也不对游戏活动给予解释或用各种方式影响儿童。而是重视与儿童建立信任和鼓励的关系，认为儿童在这种信任的关系中所获得的经验本身就具有治疗的价值。非指导性游戏治疗强调人本模式的要点，如：与儿童建立热情、友好的关系；无条件地接受儿童；建立一种允许自由表达情感的气氛；给儿童解决自己问题的机会；尊重儿童解决自己问题的能力等。

此外，游戏与行为模式中的行为矫正技术相结合，发展成为儿童行为矫正治疗，广泛应用于儿童行为问题的矫正。

尽管源自不同理论流派的游戏治疗具体方法有所不同，但目标十分相近，概括起来共三方面：其一，通过游戏了解儿童的问题；其二，通过游戏改善儿童的问题；其三，帮助儿童获得积极的自我概念和环境认知。

"嚯！一个'游戏版'的心理治疗大全。"东哲概括道。

"嗯哼！其中还可以再加上儿童美术治疗、儿童音乐治疗，儿童舞蹈治疗……"

"还有儿童意象治疗。"

"没错！只要感觉到轻松愉快，对儿童来说就都是游戏治疗！"

"那我小时候适合做哪种？"东哲关心道。

"你呀，"金子低头思索了一下，"你可以做儿童行为矫正治疗，也可以做沙盘游戏治疗。"

儿童行为矫正治疗采用"奖励"来塑造儿童的社会适应行为。例如，对有多动表现的儿童，家长和老师要创造条件，指导儿童学习如何集中精力，然后注意观察他的微小进步，并及时进行奖励，使他每一次集中精力的表现，几乎都能得到强化，从而逐渐养成注意力集中的好习惯。与此同时，家长和老师需要有意识地忽略儿童时不时出现的不守纪律与好动等行为表现，使这些行为表现因为得不到注意而自然消退。

"哦！"东哲恍然大悟道，"原来他们一直批评我、处分我，是用错了方法。"

"你说得没错！有时，孩子表现出多动不安，无意识中是想唤起大人的更多注意，批评也是一种注意。所以，针对多动行为的批评,从心理学角度来说,反而是适得其反,会使儿童的多动行为更加顽固。"

"那还有沙盘游戏治疗呢,对我有什么用?"

"刚才听你说,父母时常争吵你担心他们会离婚,会这样联想的儿童很多,这种强烈的不安全感,大大影响你心情的愉快和安定,甚至还可能削弱你的自信心和自尊心。这种情况,需要比行为矫正做更深的处理。另一方面,你当时已经是一位少年,头脑又相当灵活。所以,需要安排一个有趣又稍为复杂的活动项目给你,沙盘游戏就很适合。不要说是 13 岁的少年,就是成年的你,恐怕都会被它深深吸引呢!"

金子把东哲引到隔壁房间,指着墙边一排摆满各类仿真小模型的柜子说道:"摆沙盘时,这些模型可以随便取用。"又指着桌上的沙盘说:"你看,这是一个刚摆好的沙盘——"

图 8-6 一个摆放好的沙盘

20 世纪 40 年代,瑞士精神分析学家考尔夫将英国儿科医生劳恩菲尔德的儿童"世界技法"与荣格心理学相结合,发展为"沙盘游戏治疗"。很快,这一疗法在美、日等国得到承认并得以推广。

沙盘游戏治疗的要素包括：一个按特定比例制成的木制沙盘（内侧涂成浅蓝色，象征蓝天和海洋）；沙（细白沙或细黄沙）；水；各种类型的缩微模型，包括：人、动物、植物、建筑物、桥梁、交通工具、家具、食物、石子、贝壳等（通常共需准备几百至几千个模型单件）；一位富有情感共鸣能力的心理咨询师。

咨询师的作用是营造自由、安全、不带评价的氛围，鼓励儿童体验他们无意识层面的自我，利用丰富的模型材料，充分表达自己内心的大千世界，创作出一幅幅独特而又引人入胜的沙盘"立体画"。每当儿童摆成一幅沙盘作品，咨询师会从各个角度为这一作品摄影留念（可供系列分析之用）。

沙盘游戏透过主动想象和创造性象征的运用，搭起了从意识到潜意识，从物质到精神，从言语到非言语的一座座桥梁，并兼具治疗和诊断的作用。无论来访者是儿童还是成人，沙盘游戏治疗攻击行为、焦虑、抑郁、注意力分散、社会适应障碍、思维障碍、情感障碍等，都能收到良好效果。

"呵呵，真好玩。"东哲果真露出了一缕孩子般的笑容。

"东哲，根据你刚才说的一些细节，从我的咨询经验来看，"金子慎重地说道，"你小时候应该是患了'注意力缺陷和多动障碍'，简称'多动症'。"

"多动症？"东哲有些疑惑，"当时班主任杜老师怀疑过我有'多动症'，但因为我学习成绩一直保持在前十几名，她觉得又不像。"

"这要根据诊断标准来看！你自己一条条对照来看。"金子取出一张《儿童"多动症"诊断标准》,递给东哲,继续说道,"像你这样的孩子,因为天资聪颖,加上考前的突击复习,学习成绩看上去还不错。但反过来,学习成绩掩盖了你的注意力缺陷,耽误了及时治疗!"

"看完了?"金子关心道。

"看完了。确实符合诊断标准。"东哲平静地说道。

> 《儿童"多动症"诊断标准》
>
> A. 注意力不集中:(1)常常不能注意细节,或在学习、游戏等各种活动中出现漫不经心的错误;(2)在完成任务或做游戏时常常无法保持注意力,往往有始无终;(3)别人同他讲话时常常显得没在听;(4)常常无法始终遵守指令,有逆反或反抗行为;(5)常常遗失学习必需品,如作业本、书、笔等;(6)常回避或厌恶家庭作业;(7)易被外界刺激吸引过去;(8)组织任务和活动的能力常常受损。
>
> B. 活动过度:(1)双手或双足常常不安稳或坐着时蠕动;(2)在上课时无法静坐于自己的座位上;(3)常在不适当的场合奔跑或登高爬梯;(4)难于安静地进行余暇活动;(5)表现出持久的运动过分,社会环境或别人的要求无法使其显著改观。
>
> ……
>
> 备注:在以上A、B两项中至少符合6条,且持续时间半年以上,可诊断为儿童"多动症"。

第九章 科技融入心理咨询

1. 脑神经科学心理咨询

"'多动症'儿童与一般的顽皮多动儿童不同。后者的脑电图是正常的。而'多动症'儿童的脑电图检查会有异常。所以,'多动症',又被称为'轻微脑功能障碍'。"金子打开一幅挂图,指给东哲,"从脑科学角度来看,'多动症'这种心理障碍,源于大脑前庭区的功能缺陷。你看,就是这儿!"

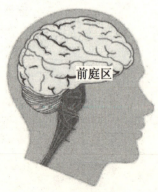

图 9-1 大脑前庭区图解

"脑功能障碍？听起来很糟糕唉。听说得了'多动症'，非得吃药不可。"东哲回忆道。

"'多动症'有轻重之分，严重的确实需要服药。靠药物使大脑前额叶产生兴奋，保持注意力集中。"金子点头道，"心理治疗对'多动症'也很有效！除了药物治疗，还可以进行心理治疗。"

"金子，你还有水吗？"东哲觉得有点口渴。

"对！来，喝茶喝茶……"金子起身给两人的玻璃杯里续上热水，"光顾着说话，都忘了喝茶了。"

"谢了！"东哲接过玻璃杯，喝了两大口菊花茶。

金子也喝了两口茶，接着刚才的话说道，"前面我推荐的儿童行为矫正治疗和沙盘游戏治疗，同样适合'多动症'儿童。另外，源自脑科学的'感觉统合训练'，治疗'多动症'很有独到之处！"

美国感觉统合运动发起人简·爱瑞丝于1972年提出了感觉统合理论（Sensory Integration Theory）。这一理论涉及脑功能发展、学习及学习障碍治疗三部分内容。

脑的不同水平与不同区域是相互联系的，这种统一协调的工作就由感觉统合来完成。所谓感觉统合：是指大脑将从身体各感觉器官传来的感觉信息进行多次的组织分析、综合处理，作出正确决策，使整个机体和谐有效地运作的过程。当大脑对感觉信息的统合发生问题时，就会使机体不能有效运作，此即感觉统合失调。

简·爱瑞丝认为，很多学习障碍的发生，都源于感觉统合功能的失调。学习是大脑的一种高级活动，儿童的大脑具有可塑性，可通过改善大脑内部感觉统合神经结构的功能，达到提高学习成绩的目的。

改善感觉统合的关键在于控制感觉的输入，方法是与触觉和运动相结合，改善大脑功能。正常情况下，儿童的感觉统合是7岁以前在游戏和人际交往中自然完成的。对于该过程完成不好而出现感觉统合不良的孩子，需要进行补课——即进行有针对性的感觉统合训练，才能得到有效矫治。

感觉统合训练采用运动游戏来完成，通常是一些身体触觉与身体移动的游戏。进行感觉统合训练，最好在小学三年级以前，而且年龄越小越有效。

"唉呀，我从小学开始就一直上课分心。如果早点进行感觉统合训练就好了。"东哲惋惜道，"那样，我学得肯定要扎实多了。"

"是呀。对孩子的感觉统合失调，老师和家长一定要引起足够重视。"

感觉统合失调多发生在6—12岁之间。据有关部门统计，目前我国有近30%的儿童存在不同程度的感觉统合失调，且男孩多于女孩。感觉统合失调常会引发学习困难，其明显特征表现为：好动不安、注意力不集中；容易跌倒或撞墙；笨手笨脚、容易受挫、缺乏自信；黏人、爱哭、性格孤僻；写字无法在框内、笔画经常颠倒；常自言自语、难以与他人沟通等。

感觉统合训练的特点是让儿童感觉就如同玩游戏，但这种治疗有别于从心理学角度设计的儿童游戏治疗，而是从脑神经科学角度进行设计，目标是促进儿童相应脑功能发育。

在训练中，治疗师根据儿童某种感觉和动作发展不良的表现，让他们练习符合他们发展需要的运动并产生顺应性的反应。例如仰躺、俯卧大笼球、倾斜滚动常用于治疗身体不协调、触觉不敏感。而平衡台平躺、跪坐或静坐摇晃等运动游戏则用于治疗多动症、自闭症。感觉统合训练通常每次1小时，20次为1个疗程，定期评价训练效果。经过半年训练，绝大多数儿童的学习能力会有不同程度提高。

"照这么说，像我小时候那样的多动是由于脑功能失调引起，那用感觉统合训练针对性最强！为什么你刚才说，儿童行为矫正治疗和沙盘游戏治疗同样适合'多动症'儿童？"东哲疑问道。

"问得好！"金子微微一笑，"还记得，我们人是身心一体的吗？"

"记得呀，身体健康会影响心理健康，心理健康也会影响身体健康！"

"对。你看，我画了一张图——"

"一方面，大脑等脑神经系统是身体的一部分，也是我们心理活动的物质基础，大脑的结构和功能直接作用于心理功能，对我们的思维、情绪、注意力等的影响非常大！这是我这张图的第一层意思。"金子解说道。

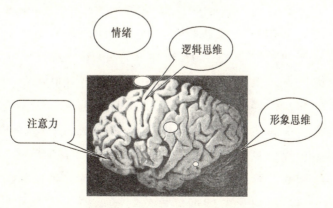

图9-2 大脑功能分区示意图

"那当然！要不，我小时候怎么控制不了自己呢。"东哲点头道。

"准确地说，你那时不是控制不了自己，而是没找到自我调节的好方法，环境也对你不利。感觉统合治疗是针对大脑发育，其他心理治疗则是针对心理调节和环境调整，多管齐下，效果更好！此外，从根源上，为什么感觉统合训练、儿童行为矫正治疗和沙盘游戏治疗同样能改进'多动症'儿童的注意力？那就是我这张图要说明的第二层面意思。"金子继续解说道，"我这张图的第二层意思就是——心理调节可以反作用于大脑的功能和结构。也就是说，心理治疗和药物、手术治疗一样，能改变大脑的功能和结构！"

"啊?! 改变大脑的功能和结构?!"东哲惊讶道。

"嗯！这是目前脑神经科学评估心理治疗疗效的最新成果。"

近年，美国、英国的精神病学家分别在研究中发现，心理治疗和抗抑郁剂的药物治疗对重性抑郁障碍患者的大脑活动可产生类似的影响。

在一项研究中，加州大学洛杉矶分校的 Brody 博士及其同事对使用抗抑郁药物或心理疗法的 24 名患者的大脑代谢变化进行了评估。16 名正常个体作为对照组也接受了扫描检查。治疗前与对照者相比，患者额叶前部皮层的活性较高，但颞叶的活性较低。而治疗后这些代谢变化趋于正常。在另一项研究中，英国桑德兰 Cherry Knowle 医院的 Martin 博士及其同事使用 SPECT 对 28 例接受另一种抗抑郁药物或心理疗法的重性抑郁障碍患者的脑血流变化进行了评估。两组患者的抑郁评分与基线值相比均有明显改善。两组都表现出基底核血流量增加。也就是说，在这两项研究中，药物治疗和心理治疗后大脑功能活动的变化相当类似。

"我国也有类似的研究。"金子补充道。

2003年11月，湖南某地发生特大火灾，经历了惨烈的悲剧场面，亲眼看见被大火烧焦的战友尸体，部分消防武警产生了严重的心理创伤，睡不着觉，常做噩梦，精神高度紧张。心理咨询师来到当地，为他们做了为期一年的心理治疗，取得非常理想的治疗效果。在治疗三位症状特别严重的武警战士时，心理咨询师边治疗，边做了脑功能呈像，扫描大脑中相关细胞的改变。扫描发现，治疗前，当事人大脑中主管记忆的海马组织明显受损，而治疗后海马的活性程度恢复正常，也就是说，心理治疗改变的不仅是当事人的精神面貌，同时得到改变的还有大脑结构。

"真神呀！"东哲赞叹道。

"还有呢。"金子继续说道。

英国Draganski博士的研究发现，没有练过杂技的人，经过3个月训练，在熟练掌握抛3个球的杂技技能后，他的颞中回灰质密度增加，大脑发生变化。

美国心理学家丹尼尔·阿门进行了5000多份脑部检查，发现一些传统上认为完全属于心理方面的现象，如忧郁、焦虑、有受压迫感、急躁、暴力倾向等，实际上都与脑部功能的异常有关。例如，有暴力倾向的患者与正常人在临床上最显著的差异主要有以下几个方面：前额叶皮质活动减退（思维困难），扣带系统活动增加（卡在某个念头上始终无法自拔），左侧颞叶活动增加或减退（易怒），底神经节和边缘系统的焦点活动增加（焦虑与喜怒无常）。

"有意思，有意思！"东哲连声赞叹道。

"是呀。"金子欣慰地说道，"等不久以后脑成像技术成熟了，心理障碍的诊断和治疗将会更精确。而那些对心理治疗存有怀疑与顾虑的人，这些研究的结果也能告诉他们，心理治疗是具有科学依据的。它不仅能同药物治疗一样，有效改善人的情绪、情感状态，而且副作用更小。"

丹尼尔·阿门在进行婚姻咨询时还发现：很多夫妻之间的矛盾、分歧和暴力与脑部功能异常有关。他认为"许多婚姻失败的原因并非是因为双方的个性、自我意识或生活愿望等方面存在太大的差异而无法维持正常的夫妻关系，而是因为大脑出现功能障碍。他提出，相应的治疗方法有三种：药物治疗；有针对性地补充营养，（因为营养与影响情绪的神经递质有密切关系）以及心理治疗，如认知行为治疗、行为治疗等，通过改变思维和行为，改善大脑功能。

"其实，我担心的是……"金子迟疑了一下说道，"我担心你现在还患有'多动症'。"

"我现在？我现在哪有多动呀！你看，我不是一连坐了两个小时动都没动一下。"东哲笑道。

"成人多动主要表现在思维的跳跃上，而不是行为多动。"金子提醒道，"最新研究发现，如果儿童时期患了'多动症'之后不及时治疗，可能持续到青壮年阶段，称之为'成年轻微脑功能障碍'。研究发现，儿童期患有'多动症'的孩子，有50%—80%在迈入青春期及成人期仍遗存'多动症'症状，主要表现为注意力缺陷；常伴有焦虑、抑郁等情感障碍；有些甚至还有不同程度的人格障碍或社会适应能力障碍！"

"喔?!"东哲警觉道，"我是常有焦虑和抑郁。"

1976年，美国学者伍德等人首次报道了成人注意力缺陷障碍，即"成人多动症"。根据调查，美国有3%—7%的成人患有此病。这样，保守一点推算，中国目前约有高达2000万以上的成年人具有与儿童注意力缺陷差别不多的症状，如注意力不集中、健忘及分心。

患多动症的成人通常冲动任性，做事有始无终；自律性差，难以听从指令或接受监督；时间观念淡薄，工作或约会常常迟到，如果不治疗，病情严重的人会把工作和生活都搞得一团糟。患有此类病症的成年人，在就业、人际关系、家庭生活等方面容易产生问题，在他们身上，离婚率、失业率、工作更换率、车祸发生率等都较高。

"这些表现我都还好。"东哲否认道。
"那你属于症状比较轻的。"

关于成人多动症的诊断标准目前尚未统一。有学者提出以下四点可作参考：① 早年即有学习困难伴注意不持久。② 成年期有严重的焦虑、抑郁或相似症状。③ 服用中枢神经兴奋类药物后症状有非常显著的改善。④ 精神状况检查的特征是语速增快及主题易变，但没有明显的病理性思维特征。

"嗯,我同意。"

"成人多动症"的治疗除了可以应用药物之外,还需要进行心理治疗,协助他们提高对人际关系、工作和生活的适应能力。此外,身边亲人对他们的宽容、接纳和支持也相当重要。

2. 虚拟现实心理咨询

"别担心!"看到东哲有些沮丧,金子安抚道,"现在找到你的问题症结了,这是好事,有好多方法可以帮你。"

"嗯。你不歧视我就行。"

"瞧你说的。"金子噘嘴道,"照你这么说,往后你发现我有缺点了,你就会歧视我咯。"

图9-3 毕加索的"虚似世界"

"我不会。"

"那我也不会!"金子微微笑道,"对了,你不是对虚拟现实技术很着迷嘛,虚拟现实心理咨询就能够帮到你,帮你提高注意力!"

"喔?"

1993年起,虚拟现实技术被应用于心理治疗领域。虚拟现实技术被定义为:"一种先进的人机界面,可以让使用者与计算机发生互动,并让使用者沉浸在计算机所创造的充满自然感受的人造环境中。"实现虚拟现实技术需要的设备包括:一台用来产生互动三维视像的计算机;一个头盔式显示器;一副有触觉跟踪能力、可反馈使用者所处方位的数据手套。

在虚拟现实技术中,使用者不只是以视觉和思维介入虚拟环境,而是以一个完整的生物个体融入到虚拟系统中,在此过程中,个人的各种感知活动如视、听觉和触觉,以及喜悦、紧张与恐惧等情绪反应,都将得到充分表达,它将模拟环境、视景系统和仿真系统融为一体,利用各类传感装置将使用者与计算机模拟生成的虚拟现实连结在一起,让使用者感觉这一切像是真实的,仿佛身临其境。较之传统的计算机模拟软件,例如一些视听觉游戏软件,虚拟现实技术加入了触觉因素,而且各种感觉更逼真、交互作用更自然,视觉形象和想象力也表现得更为生动活跃。

传统的心理治疗技术如精神分析法、行为疗法、认知疗法、家庭疗法等,都需要在治疗过程中引导患者回忆和想象,这就为虚拟现实技术辅助传统的心理治疗创造了联结点。近十余年来,国外心理学家应用虚拟现实技术治疗恐怖症、注意缺陷障碍诊断、厌食症、创伤后应激障碍、精神分裂症、男性性功能障碍、缓解疼痛等,取得了丰富的成果。

"就在现在,在位于美国加利福尼亚的虚拟现实医疗中心,心理咨询师们正通过电脑软件模拟飞行、驾驶、地震、高空等种种引发恐惧感的场面,来治疗患有恐惧和焦虑障碍的人呢。"

"哦?"

"在治疗和诊断'多动症'儿童时,虚拟现实技术可以控制虚拟教室中的一系列噪音作为干扰刺激,有效地区分出'多动症'儿童……"金子介绍道,"最近一项邀请62位西方心理治疗专家对未来治疗技术的预测结果显示:在当前使用的38种治疗技术中,虚拟现实心理咨询和计算机技术心理咨询将会成为未来十年中最重要的治疗技术,分列第3和第5位!我国也正在逐渐学习和引进这两样先进的心理治疗技术。"

"计算机技术心理咨询?"

现在,计算机、互联网已经成为城市人工作和生活中不可缺少的组成部分,给人们生活的各个方面带来了难以想象的影响。在心理咨询领域,信息技术所产生的影响同样是巨大的。

首先,计算机、互联网为人们得到心理咨询服务提供了更加便利的手段,在线心理咨询(online counseling)、在线心理测试(web test)、网络电话咨询(I-phone counseling)、心理咨询预约系统等网上服务日益涌现,方便人们可以不受时间、空间的限制,随时随地得到心理咨询服务。但在这种方便的背后,如何确保服务质量、职业道德操守以及软件和测验的科学性和有效性成为人们关注的焦点。当前,美国等西方发达国家的心理咨询专业组织已开始高度重视与信息技术相关的服务质量问题和伦理道德问题,并制定了一系列相关准则和规定。

其次，在线心理咨询加上摄像头可以方便远在各地的多位咨询专家对同一位来访者进行会诊，或是将虚拟现实技术与互联网相结合，两者的用意都是一样，使地处偏远的来访者能够接受到最先进的心理治疗服务。

再次，计算机、互联网为人们搜索心理服务机构和心理健康参考知识提供了很大便利，也使心理咨询工作者有了更多发挥作用的空间。心理咨询机构心理咨询师个人建立网站、书写"博客"，一方面树立了机构和个人的专业形象，另一方面也普及了心理学知识和心理保健理念。

当然，计算机技术心理咨询也有它的天然缺陷——不利于建立来访者与咨询师之间的咨询关系，这一点会在很大程度上影响到心理咨询效果。在计算机心理咨询中，即便加入视频因素，在心理咨询过程中所要求的大量情感投入和共情体验，以及交谈的真实和深刻程度，也是大大逊色于面对面的咨询。目前，多数在线心理咨询仅限于提供简便的心理自助方法和一些信息、建议等初级服务，与严格意义上的心理咨询还有相当差距。

确实，面对新技术和新时代，心理咨询工作者们需要对心理咨询的性质、过程、范围重新进行思考。然而，即便科技和时代飞速变迁，心理咨询仍是人与人之间的接触，"心理咨询效果源于人与人之间的关爱"这一心理咨询的精髓亘古依然。

小 茶 点 谁患有"成人多动症"？

亲爱的朋友，今天，你有没有喝过菊花茶呀？告诉你一个令人惊讶的消息，大约每20位成年人中，就有一位患有"成人注意力缺陷障碍",即"成人多动症"。你是否也感到惊讶呢?你想知道他们都是谁吗?你想提醒他们尽快寻求心理帮助吗?

美国国内一项调查发现,有3%—7%的成年人遗存"多动症"症状,按美国人口来算,就是说有500万以上的成年人患有不同程度的"成人多动症"。而其中只有1/5的人意识到自己的病情。如果不及时进行治疗,病情严重者会把工作和生活搞得一团糟,很多人还会因此失业、离婚。

此外,有近1/3的成人多动症患者是"工作狂",他们的注意力仅能在紧张的工作中被集中起来。不少人因为拼命工作在30岁以前就成为成功的企业家。比如美国"蓝色喷气式"航空公司创立者兼总裁戴维·尼尔曼,他就公开承认自己有"多动症"。

在世界名人榜上,美国前总统约翰·肯尼迪、篮球明星迈克尔·乔丹、动画大师沃尔特·迪斯尼、摇滚明星约翰·列农、画家毕加索、歌坛天后小甜甜布兰妮等很多人都承认或被认为是多动症患者,他们往往有活泼的个性和过人的天资,然而在婚姻和家庭生活中扮演的却是一个极具杀伤力的角色:他们情绪不稳定;生活缺乏条理,经常丢三落四;做事有始无终,不能有条不紊地做完一件事,而是想到什么就做什么;自律性差,难以仔细地听从指令和接受监督,无法持之以恒地追求一个目标;而且他们时间观念淡薄,工作或约会经常迟到。

第十章 生活需要心理咨询

"你猜,这里面是什么?猜错了——就送给你!"东哲取出一个半本字典大小的盒子,盒外包了一层带 Kitty 猫图样的浅灰色包装纸。

"猜错了才送给我?"金子看看纸盒,又看看被太阳晒得脸发红的东哲,"你去黄山拍照,在那儿待了十多天;现在天那么热,你进来却没有叫我泡菊花茶;所以,这里面一定是除了特级黄山贡菊以外的任何东西!"

"哈哈哈哈。"东哲大笑起来,"我就知道你会猜到!"

"你怎么笑得这么开心?"

"我开心是因为就算送给你,也有一大半归我喝。"东哲作鬼脸道,"如果你每次放五朵,那我就每次放十朵!"

"唉呀,太多了!"

"一点不多!我个子比你大,'火气'也比你大,当然要多放!"

"好吧好吧,不跟你争。你要能每天喝菊花茶也好。"金子微笑道，"因为——"

"因为菊花茶能抗辐射！"东哲抢先说道。

"对！你也知道。"金子欣喜道，"而且，现在地球上空'温室效应'，一年比一年天气热，多喝点菊花茶——可以消消火，清清心。"

1. 企业员工心理援助

"不对呀，金子。"东哲又想到"成人多动症"的问题了，"最近我观察身边的同事，发现好几个人身上的缺点同我挺像，缺乏条理，情绪不稳，时间观念差。好像不止20个人中有1个嘛？"

"不能光从外表判断。不过，据国外研究，患'成人多动症'者最终从事广告行业的确实特别多。"

"喔？看来我还真入对行了。"东哲笑了，"那我们患'成人多动症'的人该怎么办，能不能自我调节？"

"可以自我调节，不过最好请专家指导。"金子介绍道，"针对多动症，目前并没有一个标准的治疗方案，要看每个人的具体情况，比较严重的，还需要药物和心理治疗双管齐下。据报道，美国福特汽车公司日前成立了一个秘密咨询机构，为患有'成人多动症'的公司员工提供心理帮助。'多动症指导'也已经作为新兴行业在美国出现，通常，电话咨询每小时50到400美元，每个疗程从数星期到数月不等。"

"哦？看样子我们公司也要请金子专家来指导一下了。"

"行啊。那请你们公司先成立一个EAP部门吧。"

EAP（Employee Assistance Program）是"员工心理援助计划"的简称，最早出现于20世纪40年代的美国。在美国《财富》杂志评选的世界500强企业中，75%以上的企业都聘请有EAP专业公司为自己企业的管理者和员工服务，或自行设立EAP部门。EAP聘请应用心理学专家深入企业，充分发挥心理学对企业生存发展的作用，根据企业具体情况，为管理者和员工提供企业管理和个人心理帮助等方面的专家指导。由于EAP对提高劳动生产率和促成健康向上的企业文化氛围效果显著，已为世界各国知名企业广泛接受，成为现代企业人力资源管理的重要手段。有关资料显示，目前在我国，也有许多跨国公司的中国机构及国内知名企业实施了EAP。

完整的EAP包括：心理压力评估、组织改变、宣传推广、教育培训、心理咨询等几项内容。其中，要处理三个层面的问题：首先，针对造成心理问题的外部压力源进行处理，即调整不适当的企业管理方式，促进健康积极的企业文化等；其次，直接处理压力造成的生理心理反应，即通过团体心理辅导和个别心理咨询，对情绪、行为及生理等方面症状进行缓解和疏导，例如，美国"9·11事件"后，就采用了大量的这一层面的干预；其三，预防身心问题，提高抗压能力，即通过心理培训和咨询，调整消极思维和行为模式，学习各种健康的生活方式和减压方法，提高身心抗压能力。

经过几十年的发展，如今，EAP在国外已经发展成一种跨学科、跨领域的综合性服务，其内容涵盖压力管理、职业心理健康、裁员心理危机、灾难性事件、职业生涯规划、健康生活方式、法律纠纷、理财问题、饮食习惯、减肥等各个方面，全面帮助员工解决个人问题。目的在于使员工从纷繁复杂的个人问题中得到解脱，减轻压力，维护员工的身心健康。

"这EAP到底是为了提高员工福利还是提高工作效率呢？"东哲思索道。

"都为都不为！"金子调皮道，"请听**菊花心语第十三条：实施EAP，是为了企业和社会的可持续发展。**"

首先，实施EAP可以减轻员工的身心压力。当今社会经济发展的不稳定性、日趋激烈的竞争、行业的变化、高新技术的运用等，带给劳动者越来越快的生活节奏和越来越大的精神压力，大量产生"职业倦怠症"，各种心理障碍、身心症、心理亚健康状态等，严重影响劳动者的身心健康。正是从关心员工身心状态、确保员工全心投入工作、维护企业正常运作的角度，企业需要实施EAP，开展各项针对员工需求的心理保健和综合服务项目。

其次，对员工心理健康和生活幸福的关注，是企业实施EAP的另一重要动力，也是企业具有高度社会责任感的表现。成年劳动者是社会和家庭的中坚力量，真正重视人的价值，采取"以人为本"经营理念的企业就像一所学校，可以培育和塑造出优秀的社会公民。从创建企业文化的高度来实施EAP，既造福了员工、也造福了社会，非常令人尊敬。

再次，人力资源正取代其他资源，成为现代企业的第一资源。员工的职业素养和心理素质，正引起具有远见的企业家们的高度重视。建立预防性、成长性咨询项目，帮助员工提高应付突发事件和竞争的能力，提高各项心理素质和自我发展能力，对提高员工的劳动素质，最终提高企业的市场竞争能力，起到十分关键的作用。综上所述，实施EAP，实乃现代企业生存与发展、并实现企业与社会可持续发展的当务之急。

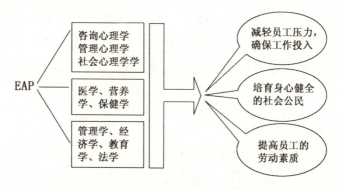

图 10-1　企业 EAP 的学科来源与多重功效

2.医疗领域

"原来 EAP 是这么回事，还挺有人情味儿的。"东哲点头道。

"可不是嘛，咨询心理学应用到哪里，哪里就变得更人性化，更温暖。就比如说医院吧，如果医生都能像心理咨询师一样，温柔、耐心，对来看病的人充满抚慰和鼓励，那对病人恢复健康就会非常有利！"

随着现代临床医学的发展，西方医学界开始日益重视医患关系、情感支持等心理因素对疾病诊疗的积极作用，认为对病人情感的理解和支持能力，与医生的诊疗效果直接相关。为此，美国耶鲁医学院要求学生去艺术中心学绘画，以锻炼他们对病人细节表现的观察能力。加州大学洛杉矶医学院让二年级学生想像自己得了一种病，然后作为病人在医院度过一夜，以培养学生理解病人感受的能力。哥伦比亚大学医学院等多家医学院则开设了"口述诊疗医学"训练课程，认为"人们生病时往往用故事来讲述自己的病情。医生治病的能力是和准确理解病人叙述的能力紧密联系的。如果一位医生后者的能力欠缺，就像工作时只用了一只手，另一只手被绑在身后。"

"不错，不错！"东哲连声叫好。

"他们正在培养未来的医生具有心理咨询的能力。"金子微笑道，"其实，这说明西方的医学观念在转变，他们正在学习我们东方的'身心一体观'，将医学心理学的应用推向深入。"

医学与心理学的结合称为医学心理学。医学心理学的研究内容相当广泛。它涉及个体成长全过程的心身教育与行为指导，从各年龄段的心身保健直到老年期的康乐长寿等。它还涉及健康与疾病的相互转化过程，从病因分析、疾病诊断、治疗护理到康复、预防保健等等。

医学心理学主要探讨心理因素引起躯体疾病的中介机制；脑组织损伤、内分泌失调或躯体疾患等生理因素造成心理变异的诊断；人格特征在罹患各种疾病以及康复过程中的作用；心理治疗的合理安排和疗效评定；各年龄段的心理卫生；心理护理与心理咨询的实施等。

随着心理学知识应用于医学各分支的需要不断扩大，医学心理学也逐渐形成了一些分支，例如，应用于精神病学的有变态心理学；应用于预防医学的有健康心理学；应用于护理工作的有护理心理学；以及最新发展应用于小儿科的儿科心理学等。

"过去，在中外医学院，都会讲授医学心理学这门课。但往往停留在病理等理论层面，在实际诊疗时，很少医生真正懂得理解病人情感和建立良好医患关系的重要性。"金子补充道。

随着社会人文需求的日益增长和心理咨询专家队伍的日益形成，心理咨询与临床医学领域的结合指日可待。不过，医院系统的人性化并非个别医生学习心理咨询即可完成，而是一个系统工程。可行的方案有：其一，在医院院长的倡导下，由心理咨询专家进入医院系统，首先为医院实施EAP员工心理援助，逐步导入心理咨询理念，塑造医院的组织文化和关爱氛围，培训临床医生心理咨询常用的沟通技能。其二，在医学院里就开始强调和塑造"以人为本"的诊疗理念和技能。从社会福利学、人文科学、咨询心理学、精神医学、精神卫生学及相关实习等领域加强对未来医生的培养。

3. 教育领域

"和医疗一样，学校教育也是我们心理咨询的重点应用领域。"金子接着介绍道。

现代社会高度竞争体现在学校教育领域就是升学竞争，

多年来，学校教育过于注重升学率，注重自然科学教学和书本知识传授，忽略了学生人文素养、生活能力和心理素质的培养，忽略了对学生进行"生命教育"。

这一在世界范围内忽视学生自身存在的倾向。引起了一系列的问题，也引起了世界各国的关注。例如，日本已经呼吁摆脱教育危机多年，认为如何避免教育荒废、摆脱教育危机，促进学生人格的全方位发展，是日本教育面临的一个十分严峻的问题。在日本，无论是国家还是地方，近年来都倾注全力来培养学校心理咨询人员。

"日本教育部打了一个比方，"金子微笑道，"学校教育就像一架飞机，而学科教育和咨询指导如同飞机的两翼，缺一不可。"

20世纪80年代法国教育部则提出了学校心理健康教育工作发展的三个方向：定向、干预与整合。定向即诊断、评估儿童的学习能力、个人自主性等；干预包括从儿童入学开始的观察，对其以后的学习或行为问题提出建议，以及帮助教师学习如何对待特殊儿童，或协助教师制订特殊儿童教育计划；整合即在普通学校中对特殊儿童的"融合式教育"负责，使特殊儿童尽快适应正常的教育环境。

欧美国家的学校心理健康工作发展较早，近年来，我国也迎头赶上，积极发展各类学校的心理健康工作，服务内容越来越全面，服务领域也越来越广泛。其中，服务领域逐渐从中学扩展到幼儿园至大学的所有教育阶段；服务对象从学生扩展到教师和家长；服务内容从传统的对"问题"学生进行能力测验，然后"归类"到特殊教育班，发展到为学生、教师、家长及整个教育系统提供综合性服务,包括心理健康教育、心理测量、心理咨询、学习辅导和相关的学术研究等。

"心理咨询进入学校,旨在促进儿童、青少年的人格全方位健全发展。把他们作为'完整的人'来进行教育,发现他们的潜力,促进他们的健康成长。"金子介绍道,"这也需要我们把心理咨询的技巧和理念渗透进整个学校教育系统。"

"是呀。"东哲起身为两人的菊花茶续上热水,"我看你真要忙不过来了,暑假叫你一起去黄山也说没空,说要参加什么中学生的营会活动?"

"对了,我正要向你介绍呢。这个营会活动呀,正是我们在中学试点开展'三层次介入计划'中的重要组成部分。"

"三层次介入计划?"

"对。"金子摇头晃脑道,"请听**菊花心语第十四条:心理咨询与学校教育结合的目标就是'上医治病,治未病之病'。**"

三层次介入计划:

表10-1 学校心理健康教育的"三层次介入计划"

层次	服务对象	服务内容	实施人员
第一层次: 发展性介入	全体学生 100%	校园文化建设、 心理健康教育课、 生命教育	校长、全体教师、 校内心理辅导老师
第二层次: 预防性介入	潜在高危学生 18%	有针对性的团体咨询、营会活动	校内心理辅导老师、 校外心理咨询师、 校外社会工作者
第三层次: 治疗性介入	已经出问题学生 2—9%	心理咨询与治疗、 精神科治疗	校内心理辅导老师、 校外心理咨询师、 精神科医生

"我们心理咨询界有个共识,**16 岁以下的儿童、青少年发生心理问题,主要责任在环境**。因为儿童、青少年的心智还十分稚嫩,他们的自我、人格等都未定型,很容易受到环境干扰和影响。"金子继续解说道,"那 2%——9% 已经出问题的学生,会受到关注和辅导。而那 18% 的学生,原本是被忽略的,因为他们眼下还没出现明显的行为和情绪问题,但我们通过考查他们的家庭、学业和社交各方面的基本情况,发现他们处境不良,所以把他们找出来进行重点关心和培养。否则,下一个出问题的就是他们。"

"你说的'未病之病',是专指中间那 18% 吗?"东哲关心道。

"他们确实是最新的关注重点。不过,我说的'未病之病',包括了 100% 的学生。"

"嗯?"东哲不解道。

"家庭环境、学校环境、社区环境、社会文化与传媒环境都是对青少年起到影响作用的环境因素。现在的社会环境和媒体中各种不健康的东西还少吗?我们要充分意识这些青少年成长中的潜在危害,及时进行媒体教育和青春期教育。还有自身成长中的青春期烦恼,都需要得到及时的辅导。"

调查显示,我国 3.4 亿青少年中,有学习、情绪和行为障碍等心理健康问题的人数达 3000 万人,学龄期的社会心理因素成为心理障碍的首要诱因。小学校园中常见的心理问题有:注意力不集中、多动、情绪不稳定、对学校不适应、行为怪异、难以管教等,排除身体疾病后,需要接受学校心理辅导专家的咨询。中学里常见的心理问题有:学习兴趣下降;对学校、老师、同学有恐惧心理;与父母有冲突;上网成瘾;失恋、情绪波动大等,需要通过心理咨询得到改善。

针对青春期心理问题，老师和家长则需要做更细致的工作。青春期是人生在生理和心理上一个重要的转折期，青少年需要处理身体的变化，更要面对心理成长的压力，寻找到一个具有统一感的"自我"。青春期也是一个感情极容易受伤的时期。青春期的发育，使大脑某些部分的神经联系突然增强，大脑神经活动剧烈，以至于无法有效处理一些基本信息，表现为对情感与人际关系的处理能力下降，无法敏锐地理解他人的感情。有研究表明，11岁的青少年识别感情的速度比正常水平下降20%以上，以后逐年恢复，到18岁才完全恢复正常水平。与此同时，伴随青春期自我意识的觉醒，青少年对自尊和他人尊重的需求又在急剧上升。在这种特殊的内外环境作用下，青少年心灵之敏感脆弱可想而知。

"听你这么说，我倒想起自己的青春期来了。"东哲回忆道，"好像整天都不怎么开心，感觉时间过得好慢。"

"嗳，我那时也觉得时间过得慢！觉得20岁、30岁不知道有多么遥远。"金子也回忆道，"我还总觉得孤独，情绪容易波动。最痛苦的，是对人生感到很迷惘，弄不清楚'我是谁'。"

4.文化领域

"金子，"东哲思考着问道，"你说，幸福是什么？"

"对我来说，每天像现在这样生活，就很幸福。按部就班地把我觉得有意义的事情一件件做成。"金子欣慰道，

"而且，我感觉到，我很适合做这些事，我正在把自己的潜力转化为现实，做最适合我做的事情，过我最想过的生活。"

"你的状态很不错。我好像还没找到最适合我做的事情。"东哲平静地说道，"那你觉得什么事情是有意义的呢？"

"请听菊花心语第十五条：生活中有意义的事情很多。最有意义的就是：让自己幸福快乐，让人人幸福快乐。菊花心语第十六条：幸福快乐是在通过人生历练之后，生命所赐予我们的珍贵礼物。只有直面人生的风雨，在挫折和迷茫中坚韧不拔，勇于迎接挑战并战胜挑战的人，才能够找到自我。只有在找到自我之后，懂得接纳生命、珍惜生命、享受生命，懂得关爱和扶持他人的人，才能够得到生命的这份珍贵礼物。"

"我明白了，你认为自我成长以及关爱他人、帮助他人成长会给人们带来幸福快乐。"东哲会意道。

积极心理学创始人赛利格曼认为，在所有能激发我们幸福感的事情当中，排在最前面的是：令人满意的工作，避免消极情绪和负面事件产生，结婚以及拥有丰富的社会支持网络。同样重要的还有感激之情、仁慈之心和乐观主义精神。研究表明，和幸福感没有多大关系的因素是挣更多的钱、接受很多教育或者居住在四季如春的气候环境中。所以，要度过愉快的生活，与外在条件关系很少，关键在于保持积极的生活心态，从事让你有满足感的工作，以及探寻生活的意义。

讲到这里，金子想起了一个她喜欢的小故事："关于保持积极的生活心态，我有个很好的故事——你也在井里吗？

故事说的是，人生必须度过逆流才能走向更高的层次，只要临危不惧，坚韧不拔，最后一定能够转危为安。"

你也在井里吗？

有一天某个农夫的一头驴子，不小心掉进一口枯井里，农夫绞尽脑汁想办法救出驴子，但几个小时过去了，驴子还在井里痛苦地哀嚎着。

最后，这位农夫决定放弃，他想这头驴子年纪大了，不值得大费周章去把它救出来，不过无论如何，这口井还是得填起来。于是农夫便请来左邻右舍帮忙一起将井中的驴子埋了，以免除它的痛苦。

农夫的邻居们人手一把铲子，开始将泥土铲进枯井中。当这头驴子了解到自己的处境时，刚开始哭得很凄惨。但出人意料的是，一会儿之后这头驴子就安静下来了。农夫好奇地探头往井底一看，出现在眼前的景象令他大吃一惊：当铲进井里的泥土落在驴子的背部时，驴子的反应令人称奇——它将泥土抖落在一旁，然后站到铲进的泥土堆上面！

就这样，驴子将大家铲倒在它身上的泥土全数抖落在井底，然后再站上去。很快地，这只驴子便得意地上升到井口，然后在众人惊讶的表情中快步地跑开了！

"这个故事确实挺有意思。我也有个很好的故事，还是真人真事呢！"东哲灵机一动，讲了一个爱迪生的故事，"故事的名字就叫——焉知非福？"

1914年2月，大发明家托马斯·爱迪生的试验室在一场大火中化为灰烬，损失超过200万美金，而他事前只投了23.8万的保险，因为实验室是钢筋混凝土结构，按理说是防火的。

那个晚上,爱迪生近一生的心血换来的成果就在大火中付之一炬了。

大火最凶的时候,爱迪生24岁的儿子查里斯在浓烟和废墟中发疯似的寻找他的父亲,他最终找到了。那时的爱迪生正平静地看着火势。他的脸在火光摇曳中闪亮,白发在寒风中飘动着。

"当时,我真为他感到难过,"查里斯后来回忆,"他都67岁了,不再年轻了,可他的研究都在瞬间付诸东流了。他看到我却说:'查里斯,快去把你的母亲找来,她这辈子恐怕再也见不着这样的场面了。'"

第二天早上,爱迪生看着一片废墟说道:"灾难自有它的价值。瞧,这不,我们以前所有的谬误过失都给大火烧了个一干二净,感谢上帝,这下我们又可以从头再来了。"

大火刚过3个星期,爱迪生就开始推出他的第一部留声机。

"爱迪生真是一个保持乐观心态的好榜样。"金子点头道,"除了自身努力外,榜样的作用也是不容小觑。"

社会因素对人性格的影响主要通过社会风尚、大众传媒等得以实现,如互联网、电视、电影、报刊杂志、文学艺术作品等等。其中,电视对儿童性格的影响是巨大的。美国有项心理学实验证明,电视节目里的攻击性行为对年幼孩子的行为发展影响很大。其实验是这样的:让一组九岁的儿童每天花时间看一些具有攻击性行为的卡通节目;而另一组儿童则花同样长的时间观看没有攻击性行为的卡通节目。

在实验中,同时对这两组儿童所表现出的攻击性行为加以细致的观察记录。结果发现,观看含攻击性行为的卡通节目的儿童,其攻击性行为增多;但是,那些看不含攻击性行为的卡通节目的儿童,在行为上却没有改变。经过十年后的追踪研究发现,以前参与观看含攻击性行为节目的儿童,即使到了19岁,仍然比较具有攻击性。

每一个成年人都是从儿童、青少年一步步发展过来的。以往那些通过传媒所接受的社会影响,正成为我们成年人性格中的组成部分。随着信息时代的到来,为我们自己选择什么样的信息环境和行为榜样,直接影响到我们的积极心态和生命活力。最终,我们又为身边的儿童、青少年传达了什么样的生命信息,作出了怎样一个行为榜样呢?

"金子,我一直想告诉你——"东哲的脸红了起来,"我对你撒了一个谎——我其实……并没有那样一个阿姨、姨父和表妹,那些故事里的人,其实就是我的妈妈、爸爸和我自己。"

"……我猜到了。"金子望着东哲道,"没关系,我理解你。"

"我也猜到你已经猜到了。"东哲轻声说道,"不过,我还是要亲口告诉你。向你道谢,也向你道歉!"

"道谢我接受,道歉不必了。来访者可以不必说出自己的隐私。"金子调皮地一笑。

"不行,你一定要接受!"东哲着急道,"我不想当你的来访者。"

"那好吧,两个我都接受。"金子微笑道。

如今的城市人与农村人相比,心理状态不稳定而较易失衡。这其中的原因错综复杂。一方面，随着城市人口的急剧增长，使城市的空间相对缩小，加之建筑群的猛增和增高，造成了人们心理上的压抑感和窒息感。但更重要的，是商业社会紧张的生活节奏和无处不在的竞争氛围，使人们的心理空间日益狭小。高楼住宅的"封闭性"，也使得邻里之间各自为政，不相往来。生活节奏快，工作压力大，人际关系冷漠、疏远。这一切造成了现代人的精神紧张，导致人体生理节律紊乱，肾上腺皮质激素分泌增多、交感神经兴奋等应激反应。

西方著名心理学家阿德勒早年提出，我们人类具有"社会兴趣"，社会兴趣是人希望对人类社会作出贡献并使之更加完善的一种天赋特性，是人与人之间友好协作的天然需要。阿德勒认为，每个人在生活中都必须解决三大生活问题：职业、社交和婚恋。这些问题的顺利解决都要依赖于发展良好的社会兴趣。社会兴趣是人与生俱来的潜在需要，如果在良好的教养环境中，就会被开发出来。社会兴趣会抑制"过度竞争"的倾向，为在社会中完善单凭自己无法完善的东西，社会兴趣会使得一个人将个人私利服从于公共福利。

当今，西方经济迎来了低增长、高福利的时代。现实使人们意识到，物质文明给人类带来的未必全是财富，仅仅是物质层面的满足，只会导致精神空虚、人情冷漠。因此，西方许多有识之士开始呼吁"人性的恢复"。认为心理咨询的将来，就是促进每个人的成长，促进每个人全方位的自我实现，以及，促进每个人的"社会兴趣"。这也是作为一门学科——咨询心理学永远的课题。

"'社会兴趣'指什么，就是爱吗？"东哲轻声问道。

"还记得我以前说的那句话吗——**心理咨询能帮助你提**

高爱自己、爱他人、爱世界的能力,帮助你更好地承担责任和作出选择,帮助你更加幸福地工作和生活!"金子停下来,发现东哲正微笑地望着她。

"其实……心理咨询就是爱。"金子轻声道,"心理咨询最终要树立的就是——充满爱的文化!"

小茶点 青少年成长中的保护与危险因素

亲爱的朋友,这段日子以来,你是否已经喜欢上了喝菊花茶?如果你身边有儿童与少年,不妨也为他们准备一些菊花吧,你还能记起自己青少年时的心情吗?有空陪他们喝杯茶,聊聊天,谈一谈成长中的烦恼与幸福……

(以下青少年成长环境中的保护因素和危险因素,综合自心理学研究文献)

青少年成长中的保护因素:	青少年成长中的危险因素:
父母亲之间关系融洽;	家长对孩子一味娇宠;
父母亲教养态度一致;	母亲常批评、否定孩子;
家庭内注重休闲活动和身心保健;	孩子常居家独处;
温暖的亲子关系;	孩子长期患病或有残疾;
父母常花时间陪伴孩子;	孩子对学业缺乏兴趣;
社区环境好;	低收入家庭;
学校氛围好;	单亲家庭;
在学校里有成功经验;	父、母亡故;
受到老师鼓励、赞赏、支持;	父、母长期患病;
有个人特长领域;	父、母患有精神疾病。
渴望并积极投入学习;	
乐于帮助别人;	
与同学关系好。	

后　记

　　窗外又下起了小雨，传来"沙沙"的细雨声，以及悦耳的"哆滴、哆滴"自窗沿滑落的水滴声。

　　就在这样一个宁谧的初夏之夜，我完成了《菊花心语》的最后修改，望着杯中菊花悠悠降下，我不禁有些出神……终于……完成了。经过长年的实践、海量的阅读、艰涩的酝酿，以及行外、行内好友们的倾心讨论……终于，灵感渐次降临，心中的话语逐渐显现，终至流畅成文。

　　是的，我真的有话要说，对广大心理学爱好者、对心理咨询师队伍中的新人们、对所有渴望幸福生活的现代中国人——我想要传达：在我眼中心理咨询的美好与真实形象——心理咨询是什么，它如何起到效果；我想要呈现：心理咨询深入运用于各行各业，切实服务于中国人全面健康和心灵成长的美妙前景！我想要表达：一位心理咨询师心中——对生活、对心理咨询和对人们的爱！

后　记

　　心理咨询师们对人的益处，就像朵朵菊花开遍人间，又化为菊花茶中的药菊疗人心伤。以清澈的心灵、完满的自我，医治现代生活给现代人带来的浮躁、盲目、自我失落与自我伤害。

　　心理咨询师们，就像多姿多彩而又生命力顽强的菊花一般，快乐地生活着；当她们遭遇挫折打击，在痛苦煎熬中变成了菊花干，又能及时将自己重新浸润在水中，化身为菊花茶，在心灵的净化与提升中，重获新生，更添药效！

　　其实，我们每一个人，降临到这个世界之初，又何尝不是一个单纯、快乐的生命呢，曾经拥有的美丽心灵就如同自然界中绽开的朵朵鲜花。岁月沧桑，人间冷暖，心灵之花常因得不到真情滋润，而致渐渐枯萎。

　　心理咨询犹如阳光，又如爱的清泉，浇灌着心灵之花，使它们重新变得鲜活、快乐，使我们的生命力、幸福感再度焕发。往往，经过心理咨询，人们的心理症状消退，情绪明显改善，自我理解力和控制力得以增强；抑或是终于找到了未来的发展方向。常常，经过心理咨询，人格中健康的部分得以复苏，人们更勇于迎接生活的挑战和崭新的人生体验，更勇于投入生活，走向自我超越与自我实现！

　　咨询心理学的深入应用，走进生活，有赖于整个社会和心理咨询工作者开阔视野、转变观念，更多地将目光投注于儿童、青少年以及成年人内在生命力的养护，所谓"上医治病，治未病之病"。在致命的挫折打击不期而至之前，及时发现和弥补当事人心理素质的欠缺，将大大增加个人和社会的幸福感和成就感、减少痛苦和损失。

　　肌骨可见，经脉不可见；脑电可见，心理活动不可见。然而，经脉和心理活动恰恰是生命力的关键，而培养心理素质,更是从小至大贯穿一生的过程。在经济高度发展的今天,中国人——尤其是中国青年人的心理素质是国家稳定和持续发展的关键。自觉维护心理健康,是每一个现代中国人的必备素质!

仅用金钱财富来衡量人生成败,不仅片面而且不智;在今天的中国,内心的快乐祥和才是人生成就的真实量度!何不通过心理咨询,让我们的心儿像盛开的鲜花一样,重获热情、快乐和纯真!让我们对境所起的心念中,常葆快乐与关爱、安详与信心、真诚与尊重、知足与感恩!

最后,感谢丛书主编崔丽娟教授、北京大学出版社魏冬峰博士的出色工作,感谢好友李林泽的宝贵建议,感谢我的来访者们,感谢我在华东师范大学十多年学习和工作期间遇到的所有老师们,感谢我的朋友们,感谢我的父母亲!深深感谢你们:对我的教导与启发、关爱与支持!